RMAN

PLAN DE ACCIÓN 2009
DE SUZE ORMAN

Suze Orman es autora de seis bestsellers consecutivos en la lista del *New York Times: You've Earned It, Don't Lose It; The 9 Steps To Financial Freedom; Suze Orman's Financial Guidebook; The Courage To Be Rich; The Road To Wealth, The Laws of Money, The Lessons of Life; The Money Book for the Young, Fabulous & Broke;* y *Women & Money* (Las mujeres y el dinero). Además es la presentadora de su propio —y premiado— programa de televisión en la cadena CNBC, colaboradora habitual de *O, The Oprah Magazine* y cronista en Yahoo! Personal Finance con su serie quincenal *Money Matters*.

Ha ganado dos premios Emmy como presentadora destacada en 2003 y 2006. También ha sido galardonada tres veces con el American Women in Radio and Television Gracie Allen Awards (Premio Gracie Allen para Mujeres Estadounidenses en Radio y Televisión), que reconoce la labor de los mejores programas para, por y acerca de las mujeres.

Como Asesora Financiera Certificada (CFP)®, Suze Orman fue directora del Suze Orman Financial Group desde 1987 hasta 1997, trabajó como Vicepresidenta de Inversiones en Prudential-Bache Securities desde 1983 hasta 1987 y se desempeñó como ejecutiva de cuentas en Merril Lynch entre 1980 y 1983. La revista *Worth* publicó un perfil suyo que la colocó entre aquellas personas que han "revolucionado la manera en que los estadounidenses piensan en el dinero".

Suze Orman es una conferenciante muy solicitada en todo el mundo. Actualmente vive en el sur de Florida.

PLAN DE ACCIÓN
2009
DE
SUZE ORMAN

PLAN DE ACCIÓN
2009
DE
SUZE ORMAN

Mantén tu dinero seguro

Traducción de Alberto Magnet

VINTAGE ESPAÑOL

Una división de Random House, Inc.

Nueva York

PRIMERA EDICIÓN VINTAGE ESPAÑOL, ENERO 2009

*Copyright de la traducción © 2009 por Vintage Books,
una división de Random House, Inc.*

Todos los derechos reservados. Publicado en los
Estados Unidos de América por Vintage Español,
una división de Random House, Inc., Nueva York y
en Canadá por Random House of Canada Limited,
Toronto. Originalmente publicado en inglés en EE.UU.
como *Suze Orman's 2009 Action Plan* por Spiegel & Grau,
una división de Random House, Inc., Nueva York,
en 2008. Copyright © 2008 por Suze Orman,
fideicomisaria del Suze Orman Revocable Trust.

Vintage es una marca registrada y Vintage Español y su colofón
son marcas de Random House, Inc.

Certified Financial Planner® (Asesor Financiero Certificado) es
una marca registrada federalmente, perteneciente al Certified
Financial Planner Board of Standards, Inc.

Información de catalogación de publicaciones
disponible en la Biblioteca del Congreso de los Estados Unidos.

Vintage ISBN: 978-0-307-47388-2

*Traducido del inglés por Alberto Magnet
Diseño del libro de Chris Welch*

www.grupodelectura.com

Impreso en los Estados Unidos de América
10 9 8 7 6 5 4 3 2 1

INDICE

PLAN DE ACCIÓN
2009
DE
SUZE ORMAN

1

2009:
La nueva realidad

Puedo dar por seguro que en este momento estás asustado. Y que, además, tienes miedo. Y estás confundido. Son respuestas absolutamente racionales y adecuadas a la crisis financiera global que se ha declarado en 2008 y que sigue haciendo temblar a todos los hogares de Estados Unidos. Y quiero decir, realmente, todos los hogares. Por muy concienzudo que hayas sido en la gestión de tu dinero, los acontecimientos de 2008 nos han golpeado a todos.

Ese diez por ciento de los propietarios de una vivienda que en estos momentos se arriesgan a la ejecución de su hipoteca, como es natural, tiene miedo. Pero también tiene miedo el otro noventa por ciento, los propietarios que pueden pagar su hipoteca pero que están viendo que la brusca caída del valor de su vivienda pone en peligro su seguridad económica.

No son sólo las grandes empresas de Wall Street las que hoy pagan el precio por esas inversiones arriesgadas. Todos los contribuyentes de Estados Unidos están atrapados en una situación de salvamento a gran escala, un salvamento ideado por los mismos actores federales que habían vuelto la espalda a la necesidad de regular precisamente las prácticas que se encuentran en la raíz de la crisis económica que vivimos actualmente. Si estás enfadado, tienes toda la razón.

Pero, cuidado, la cosa va a empeorar. Los colosales fallos en los cálculos de Wall Street han contribuido a una disminución importante del valor de tu plan 401(k) y tu plan IRA. Años de diligentes ahorros han sido barridos, y los afectados temen que su cuenta de jubilación nunca se recuperará plenamente.

Las primeras predicciones, según las cuales las consecuencias en los mercados de crédito al consumo se verían limitadas a los préstamos de alto riesgo que se concedía a prestatarios con baja puntuación crediticia, estaban terriblemente equivocadas. La verdad es que las líneas de crédito están disminuyendo y las líneas de crédito con garantía de la vivienda están siendo anuladas en todas partes, ya que los bancos temen que sus clientes, incluso los que tienen un sólido historial de pago, no podrán seguir pagando si la crisis actual se convierte en una recesión en toda regla. Una calificación FICO brillante ya no es una garantía para obtener una hipoteca o un préstamo para comprar un vehículo en términos decentes. En este momento, a los prestamistas les interesa más tener todo el dinero posible en los libros que conceder préstamos.

También existe un sentimiento creciente de que las repercusiones de la crisis del crédito convertirán lo que podría haber sido una ralentización económica moderada en 2009 en una recesión particularmente aguda. Si ese panorama se cumple, es probable que las empresas anuncien más despidos y de mayor envergadura de lo que vimos en 2008, cuando el desempleo aumentó del 4,7 por ciento al 6,5 por ciento a finales de octubre. En 2009, puede que tu empleo peligre cuando tu empleador, o tu propia empresa, tenga que luchar contra las consecuencias de la crisis crediticia.

Es toda una gama de abrumadores problemas con que lidiar. ¿He dicho abrumadores? En realidad, quería decir, arrolladores.

A medida que el panorama económico se volvía más turbio, me di cuenta de que tenía que escribir este libro y conseguir que se publicara rápidamente. Tú quieres hacer lo correcto, pero ya no esta tan claro qué es lo correcto. O quizá eres una de esas personas que siempre pensaron que ya tendrían tiempo para solucionar los problemas de dinero más tarde. La crisis financiera te ha despertado de tu sueño. Más tarde es ahora, pero, ¿por dónde comienzas?

El título de este libro es una promesa. Es mi Plan de acción para cada importante decisión económica que tengas que tomar en 2009. Sigue los consejos que leas aquí y sabrás exactamente lo que necesitas para adaptarte a la nueva realidad post crisis. Y, lo que es igual de importante, sabrás lo que no hay que hacer. En momentos de mucha tensión, es natural reaccionar tomando decisiones y actuando para procurar un alivio inmediato. Cuando se trata de cuestiones económicas, a menudo las decisiones que nos calman en medio del tumulto son acciones que pueden poner en peligro nuestra seguridad a largo plazo. En las páginas que siguen, te diré cuándo actuar y cuándo dejarlo estar, que en algunos casos requerirá un poco de fe y nervios de acero. Pero prometo que nunca te orientaré en la dirección incorrecta ni pondré en peligro tus sueños para un futuro seguro. Cuenta conmigo.

Poner el acento en la acción

Quiero dejar muy claro algo que es indispensable para mi Plan de acción. Debes comprometerte a pasar realmente a la acción. Éste no es un libro que uno lee y sobre el cual después reflexiona. O que después se guarda bajo la etiqueta "está bien saber

que existe. Ya lo leeré más a fondo". Si te importa
la seguridad económica tuya y de tu familia, si
quieres hacer todo lo que está en tu poder para
protegerte a ti mismo y a tu futuro, no lo consegui-
rás sólo pensando en ello ni dejando pasar el
tiempo sin hacer nada. En este caso no te puedes
quedar de brazos cruzados, esperando que la tormenta pase y todo siga como antes. Si no tomas
iniciativas, lamento decir que es posible que tengas
problemas más graves en 2010. La verdad es que la
nueva realidad requiere nuevas estrategias. No serán necesariamente cambios absolutos en todos los
aspectos de tu vida económica, sino decisiones tácticas para que la crisis financiera no te desvíe de tu
rumbo.

Algunas de las acciones más decisivas exigen
que hagas un esfuerzo para mantenerte firme en
las decisiones inteligentes que ya has tomado y que
quizá ahora cuestiones. Sé que muchas personas
piensan que no tiene sentido seguir invirtiendo
para la jubilación si los mercados están tan deprimidos. Es un error monumental. Éste es el momento para invertir en la jubilación porque los
mercados están deprimidos, suponiendo que pasarán otros diez años antes de que necesites ese dinero. Lo mismo puede decirse de los ahorros de tu
plan 529 para la educación universitaria de tus hijos pequeños.

No se trata de hacerse un ovillo y adoptar una
posición fetal en el sofá durante 2009, esperando

que cuando decidas levantar cabeza la crisis habrá pasado. No se trata de suponer que la próxima semana el gobierno llevará a cabo una operación de rescate o una recuperación de Wall Street que te solucionará todos tus problemas sin que hayas tenido que intervenir. Tendrás que abandonar el sofá y tomar el control de tu vida económica en 2009. Si adoptas ese compromiso este año estarás en condiciones de tener una seguridad económica duradera que pueda soportar cualquier crisis en el futuro y en posición de prosperar cuando vuelvan los buenos tiempos.

Sobreviviremos

Mientras seguimos abriéndonos camino para capear el deshielo del crédito, a la vez que nos enfrentamos a una recesión económica, es necesario que tengas una perspectiva amplia. A pesar de que son tiempos difíciles, nuestra economía sanará. Nuestros mercados se recuperarán. Todos sobreviviremos. Sólo es una cuestión de tiempo y de poner una dosis de esfuerzo.

Nuestra economía es como un paciente que ha sido hospitalizado en condiciones críticas. Después de meses de intervenciones agresivas (de la Reserva Federal, el Departamento del Tesoro y el Congreso), el paciente sigue en la Unidad de Cuidados Intensivos, pero la prognosis para una recuperación total parece halagüeña. Con el tiempo, el paciente será trasladado a la unidad de rehabilitación y volverá a ponerse de pie. A la larga, el paciente estará lo bastante bien como para volver a casa, aunque quizá pasen unos años antes de que recupere totalmente la salud.

¿Cuándo será eso, exactamente? Es imposible decirlo con absoluta certeza. Creo que podríamos entrar en un largo y lento periodo de recuperación, y que hacia 2014 o 2015 la economía podrá volver a gozar de una salud robusta. Entre el presente y esa fecha, es posible que ciertos sectores de nuestra economía prosperen más rápidamente que otros, y sin duda ciertas regiones comenzarán el repunte inmobiliario antes que otras. También se espera que se produzcan mejoras en el mercado a lo largo de una recuperación accidentada. Sin embargo, si se trata de saber cuándo veremos un retorno duradero y consistente del crecimiento, no me extrañaría que ese proceso tarde unos seis años o más.

Por lo tanto, si no vamos a ver un giro brusco de la economía en 2009, ¿por qué insisto en que hay que pasar a la acción? Precisamente porque nos esperan tiempos difíciles. Tienes que proteger lo que tienes. Tienes que proteger a tu familia. Y proteger tus posibilidades de lograr tus objetivos a largo plazo. Llamemos a las cosas por su nombre. La verdad es que no has tenido que trabajar demasiado duro para conseguir la seguridad económica. Invertías grandes sumas de dinero en tu cuenta 401(k) en los años noventa, y veías como el mercado arrojaba unos beneficios anualizados de 18 por ciento. A ese ritmo, habías imaginado que la posibilidad de una jubilación temprana era una posibilidad real. Y luego, en 2000 comenzó la burbuja inmobiliaria y te acostumbraste a aumentos anuales del 10 por ciento, o más. No costaba nada creer que ya habías alcanzado lo que te proponías.

Y, sin embargo, aquí estamos. Las pérdidas de la bolsa entre 2000 y 2002 con el bajón de los mercados, y el retroceso que comenzó en 2008 han creado un efecto combinado que ha devuelto los índices bursátiles a sus niveles de 2004, y creo que habrá más dificultades antes de que el sector inmobiliario se estabilice. Mi opinión es que no podemos pretender que los fáciles beneficios del mercado nos lleven ahí donde queremos ir. Los días del dinero fácil se han acabado.

Sin embargo, amigos míos, ¿acaso no he dicho siempre que, cuando hablamos de la gestión del dinero, no se trata de hacer lo más fácil sino de hacer lo correcto? El plan de este libro te ayudará a hacer lo correcto. Puedes leer el libro desde la primera hasta la última página, puedes escoger los temas que más te preocupen o puedes ir de un capítulo a otro según tus necesidades. Lo mires como lo mires, su objetivo consiste en que durante el año 2009 tomes las decisiones correctas para aliviar la tensión, el miedo y la rabia que sientes, y puedas reemplazarla por la sensación segura de haber hecho lo necesario para protegerte a ti mismo, el dinero por el que tanto has trabajado y tus seres queridos.

2

Una breve historia de cómo hemos llegado hasta aquí

A estas alturas, es probable que hayas entendido que en 2007 la crisis comenzó porque un número importante de propietarios de viviendas empezó a retrasarse en el pago de las cuotas de su hipoteca. Sin embargo, te preguntarás cómo es posible que un número relativamente escaso de personas que no pagaron sus hipotecas pudieran poner de rodillas a la economía global.

Mi respuesta, en pocas palabras, sería: la codicia. Había demasiadas personas más interesadas en ganar dinero rápido que en tomar decisiones financieras acertadas. Los prestamistas dejaron de preocuparse de si los prestatarios estaban realmente calificados para adquirir una vivienda y concedieron préstamos a prácticamente cualquiera que los solicitara. Los bancos de Wall Street y los fondos de inversión libre (hedge funds) estimularon a los prestamistas para que extendieran esos préstamos y luego se dieran media vuelta y ganaran toneladas de dinero con esquemas de ingeniería financiera. Y si bien algunos prestatarios estaban realmente demasiado confundidos o carecían de criterios para entender lo que pasaba con sus hipotecas, otros sabían perfectamente lo que hacían, y no les importaba comprar una vivienda que sabían que no podrían pagar. Había mucha codicia en el ambiente.

No siempre fue así. Hace no mucho tiempo, si uno quería una hipoteca, tenía que presentarse en el banco cargado de unos cuantos años de declaraciones de la renta y de nóminas con el pago del salario para comprobar los ingresos, además de demostrar que se contaba con suficientes ahorros como para pagar una entrada del 20 por ciento. El prestamista se daba el tiempo para revisar escrupulosamente nuestras finanzas, asegurándose de que había, en efecto, suficientes ingresos para pagar cómodamente la hipoteca, los impuestos sobre la propiedad y el seguro. Además, se aseguraba de que no estuviéramos endeudados excesivamente con otros préstamos. Las únicas opciones que teníamos eran las hipotecas de interés fijo a quince años o las hipotecas de interés fijo a treinta años. No había que imaginar qué pasaría con la tasa de interés en el futuro, no existían las llamadas ARM, o hipotecas a interés variable. Si un banco accedía al préstamo de la hipoteca, cliente y banco sabían a cuánto ascenderían los pagos durante la vida de ese préstamo. Si el préstamo era aprobado, el banco suponía que tendríamos la capacidad de pagarlo en el plazo establecido por la hipoteca. Si un prestamista pensaba que el cliente no sería capaz de pagar la hipoteca durante treinta años (o hasta que vendiera la vivienda), se le negaba la hipoteca. Era así de sencillo. Esta práctica protegía al banco y, a la vez, protegía a los clientes de no contraer deudas que después no podrían pagar.

La relación entre el banco y el prestatario comenzó a sufrir las primeras alteraciones sísmicas a comienzos de los años ochenta. Es el momento en que Fannie Mae y Freddie Mac intervienen en nuestra historia. Fannie Mae fue creada en 1938 y Freddie Mac en 1970. Las dos eran empresas patrocinadas por el gobierno (GSE —Government Sponsored Enterprises). No eran organismos federales propiamente dichos, pero gozaban del áurea de las empresas apoyadas por el gobierno. Estas dos GSE tenían un mandato bien definido, a saber, aumentar la cantidad de dinero disponible para hipotecas. Llevaron a cabo esto comprando hipotecas a los prestamistas para que éstos dispusieran de más dinero para prestar. Fannie y Freddie elaboraron paquetes con préstamos que tenían en sus propias carteras e hipotecas garantizadas que Wall Street luego vendía a los inversores en paquetes. El conjunto del proceso era lo que estimulaba la com-

pra de viviendas, porque los prestamistas tenían
más dinero para prestar a los potenciales compradores de vivienda, lo cual permitía que cada vez
más personas compraran una vivienda.

Llegado este punto, fue cada vez más habitual
que el prestamista original no conservara la hipoteca sino que la vendiera a una empresa que elabo-
raba los paquetes mencionados, como Fannie o
Freddie (o su prima menos famosa, Ginnie Mae)
y a empresas de Wall Street. Aún así, los valores
respaldados por hipotecas tenían bastante buena
reputación, ya que eran productos nuevos respaldados por sólidas hipotecas. Los prestamistas se-
guían cuidándose de otorgar préstamos sólo a
clientes que cumplieran con sus exigentes requisitos. Es importante saber que el negocio de hacer
paquetes con las hipotecas —una práctica denominada titulización— en sí mismo no es nocivo.
De hecho, es una innovación importante y positiva
en los mercados financieros. El problema comenzó
a comienzos del siglo veintiuno, cuando Wall
Street y unos cuantos prestamistas codiciosos ide-
aron un esquema que se sirvió de una buena idea y
la convirtió en una bomba tóxica de relojería, con
el importante apoyo de la Reserva Federal.

Cuando la burbuja tecnológica bursátil comenzó a desinflarse a comienzos del año 2000, el
presidente de la Reserva Federal, Alan Greenspan,
intentó impedir que la economía se deslizara hacia
una recesión severa rebajando drásticamente las

tasas de interés de la Reserva Federal. Entre 2000 y 2004, las tasas cayeron de más de 6 por ciento al 1 por ciento. En un entorno de tipos tan bajos, Wall Street emprendió la creación de un mecanismo de inversión que se percibió como seguro y que dejaría mayores márgenes que los que ofrecían los depósitos bancarios habituales y los mercados de dinero. Las mentes superprivilegiadas del sector financiero fijaron su mirada en el mundo tranquilo y más bien sobrio de los valores respaldados por hipotecas. En lugar de elaborar paquetes con hipotecas convencionales que habían sido suscritas por prestatarios bien cualificados, se dieron cuenta de que había mucho más dinero si ampliaban el mercado para incluir hipotecas suscritas por personas no cualificadas. Las hipotecas otorgadas a personas sin un crédito solvente fueron denominadas hipotecas de alto riesgo (*subprime*). Wall Street insistía en que había descubierto una manera de elaborar paquetes con hipotecas de alto riesgo mezcladas con hipotecas sólidas que daría a los inversionistas mayores rendimientos, pero sin riesgos añadidos. Wall Street elaboró un solo paquete con las hipotecas preferenciales y las hipotecas de riesgo en una inversión denominada obligaciones de deuda colateralizadas (CDO —Credit Default Obligations). Se suponía que las CDOs respaldadas por hipotecas eran de bajo riesgo por su manera de repartir y dividir el riesgo de las hipotecas subyacentes.

Sin embargo, Wall Street aún no había acabado con su gran operación de ganar dinero fácil respaldado por hipotecas. También empezó a producir cantidades ingentes de *swaps* de incumplimiento de crédito (CDS —Credit Default Swaps) vinculados a las hipotecas. Los CDS eran un seguro que prometía a los inversores en valores rospaldados per hipotecas que se les pagaría, aunque una inversión subyacente (tu hipoteca) cayera en incumplimiento. Wall Street también pudo realizar enormes apuestas en las hipotecas valiéndose de los CDS.

A estas alturas, es necesario hacer un pequeño paréntesis y mencionar a otro importante protagonista de esta crisis: el apalancamiento (*leverage*). A Wall Street no sólo se le permitió crear los CDS y otras inversiones supuestamente seguras, también se le permitió potenciar esas inversiones para crear cada vez más dinero para sí mismos. Cuando se practica el *leverage,* se pide dinero prestado para tener más dinero para invertir. He aquí un ejemplo. Imaginemos que tienes un dólar, pero alguien te da dos dólares, de modo que tienes tres dólares para invertir. Si la inversión sale bien, simplemente devuelves los dos dólares con sus intereses, pero conservas todas las ganancias de tu inversión de tres dólares. Es un beneficio mucho mayor que el que habrías conseguido con sólo un dólar. Wall Street ha utilizado este mecanismo durante años, pero durante esta locura de las hipotecas, convenció a los reguladores federales para que les dejaran tomar prestado hasta 30 o más dólares por cada dólar que ellos poseían. De esta manera, las empresas de Wall Street abusaron del *leverage* para apostar por valores respaldados por hipotecas y todo tipo de modalidades, entre ellas los CDS.

Una vez establecidos sus ingeniosos mecanismos de hacer dinero, el único obstáculo que quedaba para Wall Street y los prestamistas era aumentar el número de prestatarios de hipotecas de alto riesgo. En ese momento empezamos a ver la aparición de un espectro de hipotecas no convencionales, tales como las hipotecas de sólo intereses, las hipotecas de amortización negativa, las hipotecas a interés variable sin opciones y las hipotecas a interés variable —un año, con pagos iniciales artificialmente bajos (hipotecas de sólo intereses o hipotecas con opción de pago, dos de las ARMs más riesgosas y descabelladas, crecieron del 2 por ciento del mercado hipotecario en 2003 al 20 por ciento en 2005.) Y lo único que se requería para cualificarse como cliente era estar vivo. Si no se pagaba una entrada, ningún problema. Los prestatarios tampoco tenían que aportar declaraciones de la renta ni pagos de nóminas para verificar sus ingresos. Eso era propio del siglo veinte. Ahora estábamos en un nuevo mundo, un mundo de préstamos salvajes sin ingresos, sin empleo y sin activos (NINJA —No Income, No Job, No Assets). Ningún problema porque, aún así, uno cumplía los requisitos.

Los prestamistas hipotecarios estaban felices de extender estos préstamos arriesgados, porque sabían que no sería problema suyo si en algún momento el prestatario tenía problemas para mantenerse al día con los pagos. ¿Por qué? Porque esos préstamos no tardarían en venderse a los inversionistas, que a su vez estaban felices de prestarse al trato porque se les decía que estaban "asegurados" contra los impagos de las hipotecas gracias a los CDS. Ay, qué días felices.

Los prestamistas no podían prestar con la rapidez suficiente para satisfacer el apetito de los inversionistas de Wall Street, y a los prestatarios se les convencía para que optaran por la hipoteca más alta posible. Todos querían un trozo del Sueño Americano a medida que el valor de las viviendas seguía un ascenso imparable.

Sin embargo, las fisuras comenzaron a surgir a finales de 2006 y comienzos de 2007. Los prestatarios que habían suscrito hipotecas a interés variable unos años antes sufrieron el primer ajuste de tipos. Fueron muchos los que quedaron asombrados por las nuevas sumas, muy superiores a lo que podían pagar. Refinanciar la hipoteca para que fuera más abordable no era una opción para muchas personas, porque hacia esas fechas la Reserva Federal había aumentado las tasas de la Reserva Federal, que hacia mediados de 2006 eran del 5 por ciento. Eso significaba que las hipotecas a interés variable (muchas de las cuales se ven afectadas por cambios en las tasas de la Reserva Federal) serían más caras ahora que las tasas estaban tan altas. Al mismo tiempo, los precios inmobiliarios empezaron a estancarse en muchas regiones, y muchos clientes de hipotecas a interés variable sencillamente no poseían un valor líquido (equity) suficiente de su vivienda para refinanciar la deuda, por bajas que fueran las tasas de interés. Además, recordemos que muchas personas habían podido comprar una vivienda sin pagar nada de entrada, de modo que nunca habían tenido un valor líquido sobre la vivienda para empezar.

Hacia 2007, había un montón de propietarios que ya no podían pagar sus hipotecas, no podían refinanciarla ni podían vender a un precio con que pagar la hipoteca porque los precios de la vivienda habían comenzado a bajar. Y los prestamistas no estaban de ánimo para hacer negocios. Fue en ese momento cuando empezó a aumentar la tasa de ejecuciones por impago de hipotecas. Lejos de ser un problema limitado a los clientes de hipotecas de alto riesgo, las ejecuciones no tardaron en hacer bajar bruscamente los precios de la vivienda en todas partes. Si la casa de tu vecino iba a ser ejecutada, eran malas noticias para ti también. Desde el alza máxima de 2006, el valor de la vivienda ha disminuido un promedio de 20 por ciento, y hasta dos veces más en mercados que se consideraban entre los mejor cotizados. Muchas personas deben más por su vivienda que lo que obtendrían si la vendieran ahora. De hecho, mientras escribo estas líneas, uno de cada seis propietarios de vivienda tiene una hipoteca que supera el valor de su casa en el mercado actual, una situación que se conoce como estar con el agua al cuello.

A medida que aumentaban las ejecuciones hipotecarias (Economy.com, de Moody's, estimaba que en 2007 y 2008 se perdieron 2.5 millones de viviendas y que otros 3.5 millones podrían perderse en 2009 y 2010), el daño llegó a Wall Street. Aquí es donde el apalancamiento vuelve a formar parte del cuadro. ¿Recuerdas todos esos préstamos que mencioné antes? Resulta que en buena parte se utilizaron para invertir en todo tipo de valores relacionados con las hipotecas. Cuando esas inversiones empezaron a fallar porque gran parte de las hipotecas subyacentes que constituían la base de esas apuestas ahora estaban en vías de ejecución hipotecaria, los inversionistas empezaron a ver el lado perverso del apalancamiento: habían pedido prestado mucho dinero y ahora no tenían con qué devolverlo. A un apalancamiento de 30:1, un corredor de Wall Street podía realizar apuestas por un valor de $300 millones de dólares aunque sólo tuviera $10 millones de su propio dinero para respaldar esa apuesta. Si la apuesta no daba dividendos, el banco o los fondos de inversión libre no tenían cómo recuperar esos $300 millones. Y el supuesto "seguro" de los CDS no era más que una promesa vacía. Nadie tenía el dinero para cubrir esos negocios.

Recapitulemos: Los prestamistas extienden préstamos que los prestatarios no se podían permitir, mientras Wall Street incitaba a prestamistas y prestatarios porque insistían en que tenían un método brillante para proteger a los inversionistas (y sus propias operaciones comerciales) contra los riesgos al apostar muy alto mediante el apalancamiento porque, en el caso poco probable de que los prestamistas tuvieran problemas, los CDS los salvarían del trance.

Esto, desde luego, es una explicación muy básica, y hay muchos otros elementos que intervienen. Sin embargo, quiero definir el verdadero problema en estos términos: *Tenemos problemas actualmente porque todos se contentaron con mentir, o se creyeron mentiras que cualquiera con dos dedos de frente habría podido ver.*

No puedo dejar de manifestar la ira que siento hacia aquellos prestamistas que presionaron a los usuarios a suscribir préstamos tóxicos, sabiendo que había escasas posibilidades de que pudieran permitirse dichos préstamos. Si bien algunas personas estaban demasiado confundidas como para saber en qué se estaban metiendo, no puedo absolver a quienes optaron por tragarse la píldora de que podían comprar una vivienda de $350.000 con unos ingresos que, mirado con sentido de la realidad, sólo podían pagar una vivienda de $150.000. Tampoco puedo simpatizar con aquellos que me dicen que el problema es que los precios de la vivienda dejaron de subir, de modo que ellos se quedaron atascados sin suficiente valor líquido para refinanciar su deuda ni vender. Comprar una casa basándose en la expectativa de que los beneficios al vender serían seguros y que seguirían subiendo a un ritmo anual que doblaba y hasta triplicaba los valores históricos no sólo es una tontería sino, también, ¡una manifestación de codicia! Los prestatarios optaron por creer en lo que querían creer.

Y quisiera no tener que extenderme sobre los niveles de deshonestidad en los que cayeron los bancos y los fondos de cobertura con este esquema de "no poder perdérselo", o sobre las políticas del gobierno, que bien poco hicieron para impedir un deshielo de estas dimensiones. O sobre el hecho de que Fannie Mae y Freddie Mac también se prestaron al juego y rebajaron sus normas de seguridad para poder participar en el boyante mercado de los préstamos.

Aquello fue una fiesta desmedida y obscena de deshonestidad y codicia a escala nacional.

Una salida honesta

Si bien la crisis de las hipotecas es el ejemplo más palpable de cómo la falta de honestidad y la codicia llevan a la destrucción económica, no es, ni de lejos, el único ejemplo. Si tienes un saldo en la tarjeta de crédito que no será pagado a fin de mes, eres deshonesto a tu manera porque estás viviendo por encima de tus medios. Si no tienes un fondo de ahorro para emergencias, no eres honesto cuando se trata de considerar y prepararse para las adversidades que la vida nos depara. Usar un auto mediante el *leasing* en lugar de comprarlo con una financiación que te puedes permitir con un préstamo estándar de tres años es, en mi opinión, una forma de engaño financiero. Pensar que no tenías por qué invertir en tu plan 401(k) porque podías contar con la revalorización imparable de tu vivienda para financiar una jubilación cómoda es una irresponsabilidad, es puro voluntarismo. Si sigues gastando dinero como loco en tus hijos porque, bueno, eso es lo que ellos esperan, aunque tengas cuentas sin pagar, es una absoluta falta de honestidad. Si utilizas el valor de tu vivienda para pagar unas vacaciones que, en realidad, no te puedes permitir, te estás privando a ti mismo de una futura seguridad económica.

Las mentiras tienen que parar. Nos basta pensar a dónde nos conduce toda esta falta de honestidad. A deudas de la tarjeta de crédito. Sin ahorros de seguridad en caso de que algo vaya mal. Sin seguridad.

Sabes que nunca he creído que esta conducta tuviera sentido. Los lectores que ven regularmente *The Suze Orman Show* en CNBC, o que siguen mis consejos a través de otros canales, saben que siempre he desaconsejado estas prácticas deshonestas. Encuentro sumamente gratificante saber que he ayudado a muchos a cambiar de rumbo. Pero también sé que hay muchas más personas que todavía tienen que enmendar sus prácticas o que creían que tenían tiempo para pasar una nueva página. Para que lo sepan, su tiempo ha llegado a su fin. Si no se organizan para actuar en 2009, tendrán más problemas de lo que se imaginan.

La realidad que tienen que entender es que las reglas han cambiado. Las empresas de tarjetas de crédito, que antes se desvivían por ayudarte a acumular deuda ahora te penalizarán con dureza si tienes deudas o si pareciera que pronto estarás en números rojos. Actualmente, es mucho más difícil (y más caro) conseguir un préstamo, ya sea una hipoteca, un préstamo para la compra de un auto o un préstamo estudiantil. Tampoco puedes fiarte de una línea de crédito o una línea de crédito sobre tu valor líquido de la vivienda en el caso de que te despidan en 2009 y necesites dinero para que tu hogar siga funcionando. Lo más probable es que si utilizas cualquiera de esas dos fuentes, activarás una serie de consecuencias no deseadas que pueden dejarte en incluso peores condiciones económicas.

Hay una salida: la honestidad. Contigo mismo. Con tu pareja. Con tus hijos. Si estás preparado para enfrentarte a lo que realmente te puedes permitir, si estás dispuesto a vivir dentro de tus posibilidades, no dentro de tus sueños, puedes invertir la situación. Si estás dispuesto a comprometerte con un plan de acción que te asegura que tendrás suficiente dinero al final del mes para pagar hasta la última cuenta y, además, ahorrar dinero, habrás emprendido el camino hacia tu seguridad financiera.

Sin embargo, tienes que estar dispuesto a ser honesto en todos los aspectos de tu vida económica.

Mi Plan de acción 2009 te dará todas las respuestas honestas que necesites para navegar por la difícil situación económica que vivimos actualmente pero, aún más importante, te pondrá a ti y a tu familia en la senda de la seguridad, este año y todos los años.

3

El crédito

La nueva realidad

En el sector bancario empiezan a tener miedo. Creen que en 2009 no podrás seguir pagando tus gastos de la tarjeta de crédito, mientras el país continúa abriéndose paso por este deshielo económico. Desde luego, es una preocupación justificada cuando la economía se ralentiza, se destruyen puestos de trabajo y sube la tasa de desempleo. Pero la diferencia en 2009 es que los bancos ya se están tambaleando debido a la crisis del impago de las hipotecas que ha provocado la quiebra de bancos y de casamientos a la fuerza entre bancos débiles y bancos menos débiles. Hoy en día, los bancos no se encuentran en las mejores condiciones y están dolorosamente conscientes de que un huracán

27

categoría tres está a punto de abatirse sobre ellos. Las deudas de tarjetas de crédito en todo el país alcanzan la apabullante cifra de $970.000 millones, un 50 por ciento mas que en el en último momento bajo de la economía en el año 2000. Eso es lo que sucede en una época de dinero "fácil", cuando los bancos reparten irresponsablemente tarjetas de crédito a cualquiera que las pida, independientemente de los ingresos, y los consumidores están demasiado ansiosos de seguir la corriente.

Sin embargo, el juego ha acabado, amigos míos. Las empresas de tarjetas de crédito han echado marcha atrás. Ahora buscan maneras de prestar menos dinero, sobre todo en cuentas que estiman riesgosas, a saber, los consumidores con saldos impagos cuantiosos y las bajas calificaciones FICO. La restricción de los límites de las tarjetas de crédito, el cierre de las cuentas sin aviso previo y el brusco aumento de las tasas de interés son algunas de las agresivas tácticas que las empresas de tarjetas de crédito ya han empezado a emplear para reflotar sus negocios. Esto tendrá serias repercusiones para ti en 2009. Puede que baje tu calificación FICO, no porque hayas cambiado tu conducta con el dinero, sino porque las empresas de tarjetas de crédito te han cambiado las reglas a ti.

La mejor manera de mantenerse al margen es saldar de una vez por todas la deuda de la tarjeta de crédito. Si has pagado el saldo, no tienes que preocuparte de la tasa de interés de tu tarjeta. Si has

pagado el saldo, es menos probable que te reduzcan el límite de tu tarjeta de crédito. Y aunque lo
reduzcan, no tendrá un impacto negativo en tu calificación FICO.

Si has pagado el saldo de tu tarjeta de crédito, te
puedes concentrar en crear un fondo de ahorros
de emergencia. Esto adquiere especial importancia
en 2009. Se han acabado los días en que utilizabas
la tarjeta de crédito como un fondo de emergencia de facto. Si utilizas demasiado la línea de la tarjeta de crédito, es probable que veas reducido el
monto de la línea, que aumente la tasa de interés y
que, sí, hasta es posible que te cierren la tarjeta de
crédito, lo cual dejará por los suelos tu calificación
FICO. Los saldos no pagados en 2009 te situarán
en medio de un círculo vicioso. Debes saldar la
deuda de la tarjeta de crédito ahora mismo. Es lo
primero que hay que hacer en 2009.

Qué debes hacer en 2009

- Convierte en prioridad pagar los saldos de tu
  tarjeta de crédito.
- Lee todos los extractos y toda la corresponden-
  cia de la empresa de tu tarjeta de crédito para
  asegurarte de que estás al corriente de cualquier cambio en tu cuenta, como las tasas de
  interés, que pueden dispararse.
- Procura que tu calificación FICO se sitúe por encima de 720.

- Ten mucho cuidado cuando busques ayuda para solucionar la deuda de tu tarjeta de crédito. Recurrir a un consolidador de deuda suele ser un muy mal negocio. La National Foundation for Credit Counseling es una opción más inteligente.

- Resiste a la tentación de emplear los ahorros de la jubilación o un préstamo extendido sobre el valor de la vivienda para pagar la deuda de la tarjeta de crédito.

Tu Plan de acción para 2009: El crédito

LA SITUACIÓN: Siempre pagas la cantidad mínima que debes en la cuenta de tu tarjeta de crédito y nunca te retrasas en el pago. Sin embargo, acaban de reducirte el límite de tu tarjeta de crédito.

LA ACCIÓN: Pagar el mínimo en 2009 no es suficiente. Las empresas de tarjeta de crédito anticipan que a medida que la recesión se vaya extendiendo, se presionará a los consumidores para mantenerse al día en el pago de sus cuentas. De manera que, aunque hayas pagado a tiempo en el pasado, a ellos les preocupa lo que ocurrirá en el futuro. Y el hecho de que pagues sólo lo mínimo es una gran señal de alerta para la empresa de tu tarjeta de crédito. Es una manera de decirles que quizá ya te encuentras en terreno poco firme.

Pagar sólo el mínimo mensual de la deuda significa para una empresa de tarjeta de crédito que es posible que te retrases en el pago en caso de recesión severa y que también es probable que dejes que tu saldo crezca si vienen tiempos difíciles. Y eso es lo último que quieren en 2009. Para impedir que hagas precisamente eso, te recortan los límites del crédito.

LA SITUACIÓN: Te preocupa que un límite de crédito más bajo influya negativamente en tu calificación FICO.

LA ACCIÓN: Paga tu saldo todos los meses y tu calificación FICO no se verá afectada. Tu calificación FICO se basa en una serie de cálculos que miden el nivel de riesgo de tu crédito. Uno de los factores más importantes en tu calificación de crédito — que equivale aproximadamente al 30 por ciento de tu calificación— es la deuda que tienes. Hay unas cuantas maneras de llevar a cabo este cálculo, si bien uno de los métodos principales para cuantificarlo es el cociente deuda-crédito disponible. La deuda es todo lo que debes en todas tus tarjetas de crédito. El crédito disponible es la suma de todas las líneas de crédito que te han extendido. Cuanto más alta tu deuda, peor para tu calificación FICO. Y tu cociente deuda-crédito será mucho peor si te recortan el límite de crédito.

Digamos que sólo tienes una tarjeta de crédito con un saldo de $2.000. El año pasado, tu límite de crédito con esa tarjeta era de $10.000. Por lo tanto, tu cociente deuda-crédito era de 20 por ciento ($2.000 es el 20 por ciento de $10.000). Ahora te enteras de que la empresa de tu tarjeta de crédito te ha reducido tu línea de crédito a $5.000. Eso significa que tu cociente se dispara a 40 por ciento ($2.000 es el 40 por ciento de $5.000). Eso tendrá sin duda un impacto negativo en tu calificación FICO.

La única manera de mantener tu calificación FICO no tocada por una reducción de la línea de crédito consiste en acabar con la deuda de las tarjetas de crédito y pagar todas tus cuentas mensualmente.

LA SITUACIÓN: La empresa de tarjeta de crédito ha cancelado tu cuenta. ¿Tienes que pagar el saldo restante?

LA ACCIÓN: ¡Por supuesto que tienes que pagarlo! Cuando te cancelan la cuenta, es porque la empresa de tu tarjeta de crédito te ha tachado como usuario de tarjeta de alto riesgo. Lo que se cancela es tu posibilidad de usar esa tarjeta en el futuro. Sin embargo, tendrás que pagar hasta el último centavo que figura en tu saldo.

LA SITUACIÓN: Te han cancelado la tarjeta de crédito y te preocupa que eso perjudique tu calificación FICO.

LA ACCIÓN: Concentra tus esfuerzos en pagar el saldo. Cuanto más bajo el saldo, menos dañará a tu calificación FICO si te cancelan la tarjeta.

Surgen dos problemas cuando se cancela una tarjeta de crédito: cómo afecta tu cociente deuda-límite de crédito y qué ocurre con la tasa de interés del saldo que te queda por pagar. En la mayoría de los casos, cuando se ha suspendido o cancelado una tarjeta, la empresa de tarjeta de crédito aumentará enseguida tu tasa de interés a cerca del 30 por ciento. Cuando esto ocurra, si sigues pagando el mínimo mensual, puede que nunca saldes tu deuda con esa tarjeta.

LA SITUACIÓN: Creías que la tasa de interés de tu tarjeta de crédito estaba fijada en un 5 por ciento, pero acaba de dispararse hasta un 30 por ciento.

LA ACCIÓN: No existe una tasa de interés fijo permanente en tu tarjeta de crédito. El tipo se fija sólo hasta que el emisor de la tarjeta de crédito decida lo contrario. Es una táctica de marketing. Y las empresas de tarjeta de crédito tienen todo tipo de razones (recogidas en el contrato que firmaste cuando abriste la tarjeta) para aumentar la tasa de interés.

Tendrás que saber que en 2009 habrá cada vez más empresas de tarjeta de crédito que se apresurarán a aumentar las tasas de una tarjeta de crédito si los pones nerviosos por algún motivo. Y, para que nos entendamos, basta un saldo no pagado para que se pongan nerviosos. Y constatar que te retrasas en el pago de otra deuda o no pagas una cuota los pone muy nerviosos.

Si quieres salvarte de que te castiguen con una subida exagerada de tu tasa de interés, tienes dos opciones: para empezar, no acumular un saldo negativo; o, si tienes un saldo no pagado, págalo. Cuando tienes un saldo de cero, ¿qué te importa la tasa de interés?

LA SITUACIÓN: Tienes una tarjeta de crédito con una baja tasa de interés que nunca usas. La tienes ahí en caso de emergencia. Ahora te preocupa que si tienes que usarla, se disparará tu tasa de interés.

LA ACCIÓN: Crea una cuenta de ahorro que sirva realmente para emergencias. Contar con tu tarjeta de crédito para superar emergencias es demasiado peligroso en 2009 (ver "Plan de acción: Los ahorros", para consejos sobre dónde abrir una cuenta de ahorro, y "Plan de acción: Los gastos", para saber qué pasos dar para tener más dinero que poner en un fondo de ahorros).

Si usas una tarjeta de crédito para gastos de una emergencia en 2009 y no puedes pagar el saldo, iniciarás un círculo vicioso. Un saldo no pagado donde antes no había nada pone nerviosas a las empresas de tarjeta de crédito. También puede poner nerviosas a otras empresas de tarjeta de crédito con las que tienes una cuenta. Eso podría provocar que se recorten los límites de crédito de todas tus tarjetas. Y si eso provoca la caída de tu calificación FICO, lo más probable es que suba la tasa de interés de tu tarjeta de crédito.

La única solución es que dejes de pensar en tu tarjeta de crédito como una red de seguridad cuando tengas dificultades. La única verdadera red de seguridad es una cuenta de ahorro.

LA SITUACIÓN: Tienes una calificación FICO por encima de 720, pero tu tasa de interés acaba de dispararse. ¿Cuál es la mejor manera de pagar tu deuda de la tarjeta de crédito?

LA ACCIÓN: Averigua si puedes postular a una transferencia del saldo a una tarjeta con tasa de interés bajo. Dado que tienes una alta calificación

FICO puede que tengas suerte. Sin embargo, los prestamistas no están demasiado dispuestos a dar facilidades, de modo que quizá el cambio no será posible.

Ve a cardtrak.com y utiliza la herramienta de búsqueda para encontrar ofertas de transferencia de saldo. Se trata de poner tu dinero en una tarjeta con una baja tasa de interés inicial y luego esforzarte para pagar el saldo antes de que expire la tasa de interés baja. En 2009, esto puede resultar complicado. Corres el riesgo añadido de que, aún cuando procedas correctamente con tu nueva tarjeta, podrían revocarte la tasa de interés inicial porque algo que está fuera de tu control ha ocurrido en alguna otra cuenta tuya, como, por ejemplo, la reducción de tu límite de crédito. En "Plan de acción: Los gastos", explicaré cómo calcular los ingresos y gastos de tu familia para destinar más dinero al pago de la deuda de tu tarjeta de crédito.

LA SITUACIÓN: Tienes una calificación FICO baja pero estás al día en todas tus cuentas. ¿Cómo deberías administrar tu deuda?

LA ACCIÓN: Sigue los pasos a continuación:

- Paga la cantidad mínima que debes en cada tarjeta todos los meses. Es tu única posibilidad de prevenir que tu calificación FICO siga cayendo.

También disminuirán las probabilidades de que tu empresa de tarjeta de crédito te cierre la cuenta.

■ Ordena tus tarjetas de tal manera que la tarjeta con la tasa de interés más alta quede en primer lugar. Ésa será la primera tarjeta que acabes de pagar. Ingresa todo el dinero que puedas cada mes para que el saldo llegue a cero.

■ Una vez que hayas pagado la primera tarjeta, concentra tus esfuerzos en la siguiente del montón, es decir, la tarjeta con la segunda tasa de interés más alta.

■ Sigue con este sistema hasta que hayas pagado todas las tarjetas.

Desde luego, el gran desafío será encontrar un dinero extra todos los meses para destinar al pago de la deuda de tus tarjeta de crédito. En "Plan de acción: Los gastos", expongo unas cuantas sugerencias para "encontrar" más dinero cada mes mediante la reducción de los gastos.

LA SITUACIÓN: Estás atrasado en el pago de tus tarjetas de crédito, pero quieres saber cuál es la mejor estrategia de pago para mejorar tu calificación FICO.

LA ACCIÓN: Concéntrate en pagar todo lo que puedas en las cuentas en que tengas menos retraso.

Cuanto más tiempo lleve una deuda impaga en tus informes de cuentas, menos influye en tu calificación FICO. Eso significa que si puedes ponerte al día en una cuenta en que tienes un retraso de sólo sesenta días, influirá mucho más en tu calificación FICO que pagar tu deuda en una cuenta en que llevas retraso desde hace tres años. Te sugiero que organices tus extractos de tarjeta de crédito en dos montones: las tarjetas que llevan un retraso de menos de un año y las tarjetas que llevan un retraso de más de un año. Empieza por el primer montón. Paga primero la cuenta en que llevas menos retraso, y luego pasa a la segunda tarjeta de ese montón. Una vez que hayas pagado las tarjetas del primer montón, te sugiero emplear la estrategia que he descrito en la acción anterior para pagar las tarjetas en cuyo pago tienes un retraso de más de un año.

LA SITUACIÓN: Quieres usar tu línea HELOC para pagar la deuda de tu tarjeta de crédito.

LA ACCIÓN: No hagas eso. Aunque tengas suficiente valor líquido para mantener abierta tu línea HELOC, es un error peligroso. Estás arriesgando tu propia vivienda. Cuando tomas prestado de tu línea HELOC, tu vivienda es tu garantía. Supongamos que te despiden en 2009 (lo cual no es del todo imposible, dadas las dificultades de la economía) y, de pronto, no puedes mantenerte al día en el pago de tu línea HELOC, además de todas las demás cuentas. Si te retrasas en los pagos, podrías perder tu vivienda.

A pesar de que te recomiendo encarecidamente que pagues las deudas de tu tarjeta de crédito, tienes que entender que la deuda de la tarjeta de crédito es una deuda "sin garantía". Ninguna empresa de tarjeta de crédito puede fácilmente obligarte a entregar una garantía colateral para saldar tu deuda. Por lo tanto, no tiene sentido transferir tu deuda sin garantía ni respaldo a una deuda garantizada —una HELOC—, y correr el riesgo de perder tu vivienda si no puedes pagar.

LA SITUACIÓN: Quieres pedir un préstamo de tu plan 401(k) para pagar la deuda de tu tarjeta de crédito.

LA ACCIÓN: No lo hagas. Sé que es tentador, pero es una solución muy peligrosa. Cualquiera que haya escuchado mis consejos a lo largo de los años sabe que nunca he aprobado los préstamos a partir del plan 401(k) porque acabarás pagando el doble del dinero que te han prestado. Sin embargo, entiendo que si tienes ante ti una tasa de interés del 30 por ciento en tu tarjeta de crédito, llegues a la conclusión de que merece la pena pagar la penalización fiscal.

Considerando la situación económica, una vez más debo decir no. Para empezar, nos encontramos en medio de una grave recesión. Eso aumenta las probabilidades de que pierdas tu empleo. No importa lo bien cotizado que te consideren en la empresa. Nadie está a salvo cuando una empresa pierde dinero o no puede seguir funcionando porque la crisis del crédito le impide seguir haciendo negocios. Todos somos vulnerables en tiempos como éstos. Y si tienes un préstamo pendiente con tu cuenta 401(k), cuando te despidan, normalmente debes pagar ese préstamo en un plazo breve. Si no lo saldas, se convierte en un retiro, lo cual significa que deberás inmediatamente los impuestos sobre la cantidad total y, si tienes menos de 55 años el año que has dejado la empresa, una multa del 10 por ciento por retiro anticipado. Ahora me dirás dónde vas a conseguir el dinero para pagar esa cantidad. Por descontado, no lo sacarás de tu tarjeta de crédito.

Lo más importante es que necesitas tu cuenta 401(k) para el futuro. Si la usas hoy, ¿qué te quedará para la jubilación? ¿No puedes pensar en ello ahora? Me perdonarás, pero no puedes permitirte no pensar en ello. Esto nos trae al problema de la quiebra. Desde luego, espero que nunca te ocurra a ti, pero en el caso de que debas declararte en quiebra, un elemento positivo es que el dinero que tengas en una cuenta 401(k) o en una cuenta IRA está protegido. Esto quiere decir que no estarás obligado a usar tus ahorros de la jubilación para pagar tus deudas. Esa cuenta es un activo permanente a tu favor. No lo malgastes utilizando el dinero para pagar las deudas de tu tarjeta de crédito.

LA SITUACIÓN: Has escuchado que las empresas de tarjeta de crédito están dispuestas a alcanzar un acuerdo para una reducción del pago de la deuda. ¿Quién puede acogerse a esta facilidad?

LA ACCIÓN: Tienes que estar gravemente retrasado en tus pagos y tener una cantidad de efectivo disponible para explotar cualquier posibilidad de llegar a un acuerdo que reduzca el monto de lo que debes.

El único motivo por el que la empresa de tarjeta de crédito recortará una parte de tu saldo impago es si puedes pagar una cantidad global que cubra parte de tu deuda. Supongamos que tienes una deuda de $20.000 en tu tarjeta de crédito, y que la empresa de tarjeta de crédito está dispuesta a rebajarla a $10.000. Tienes que tener disponibles $10.000 para pagar la deuda inmediatamente. No se trata de que te rebajen el saldo y de que luego prometas ser un buen ciudadano/a que se ceñirá a un plan de pago mensual. Para llegar a un acuerdo tienes que tener suficiente dinero en efectivo disponible para pagar lo que queda del saldo (ya reducido). Si no tienes ese dinero, no es probable que te ofrezcan un acuerdo.

LA SITUACIÓN: Te preguntas si renegociar un acuerdo perjudicará tu calificación FICO.

LA ACCIÓN: Si no quieres que baje tu calificación FICO no renegocies un acuerdo. Un acuerdo significa que no has podido cumplir con tu obligación de pagar toda la deuda que habías contraído. Desde luego, tendrá un impacto negativo en tu calificación FICO. Dicho eso, en algunos raros casos (si has tenido una actuación ejemplar, has perdido tu empleo o tienes un grave problema médico, y si la deuda pendiente no es enorme), quizá puedas convencer a la empresa de la tarjeta de crédito de que no informe sobre el acuerdo. Tienes que estar preparado para documentar tu caso.

LA SITUACIÓN: Acabas de recibir un documento de la empresa de la tarjeta de crédito diciendo que ha informado del monto del acuerdo al IRS (Servicio de Rentas Internas).

LA ACCIÓN: Debes estar preparado para pagar el impuesto sobre la renta de la cantidad perdonada de la deuda de la tarjeta de crédito.

La empresa de la tarjeta de crédito está legalmente obligada a mandarte a ti y al IRS un formulario 1099-C, donde se registra el monto de la deuda perdonada, sobre la cual, en realidad, tendrás que pagar un impuesto. Lo siento, pero no hay excepciones fiscales para los acuerdos de deuda de las tarjetas de crédito. (Una excepción sería que te declararas insolvente, lo cual significa que el monto de tus pasivos es mayor que el valor de tus activos. Si la deuda perdonada se comunica al IRS en un formulario 1099, deberías adjuntar una nota a tu declaración de la renta explicando la insolvencia. De otra manera el IRS iniciará automáticamente una auditoría, dado que los ingresos registrados en el formulario 1099 no aparecen en tu declaración. Tienes que estar preparado con la documentación pertinente para demostrar que en el momento de condonación de la deuda, tus pasivos superaban el valor de mercado de tus activos. Te recomiendo que trabajes con un experto fiscal que te ayude a salir de esta situación.)

LA SITUACIÓN: Tienes una tarjeta de crédito de un banco que ha quebrado. ¿Qué pasará con tu cuenta?

LA ACCIÓN: La mejor protección es una buena calificación FICO. Cuando un banco quiebra, otro banco se ocupa de sus cuentas de tarjeta de crédito. Sin embargo, debes saber que el nuevo banco no está obligado a seguir ofreciéndote esa tarjeta. Investigará tu cuenta y verá si el riesgo crediticio merece la pena. Aquí debemos hablar con claridad:

Si tu banco quebró en parte porque era demasiado laxo en la extensión de préstamos, tiene cierto sentido pensar que el nuevo banco quizá no quiera conservar tu cuenta. En el fondo, si representas un gran riesgo crediticio, puede que te cierren tu tarjeta de crédito. Si tienes una calificación FICO alta, sin duda el nuevo banco te acogerá con los brazos abiertos.

LA SITUACIÓN: Tienes una tarjeta de crédito de un banco que ha quebrado. ¿Sigues teniendo que pagar el saldo?

LA ACCIÓN: Desde luego que debes seguir pagando la deuda. Hay que dejar claro que no hay manera de desprenderse de la responsabilidad personal. Tú hiciste los gastos, de modo que tú eres el responsable de la deuda que has acumulado.

Sigue al día con tus pagos. Imprime una copia del cheque cancelado o del pago electrónico y guárdalo en lugar seguro. Lo más probable es que la transición a tu nuevo banco no presentará problemas, pero nunca se sabe. Creo que es conveniente guardar un registro impreso durante al menos seis meses después de que tu banco ha sido traspasado a otro banco.

LA SITUACIÓN: Tienes una calificación FICO de 660, pero acaban de negarte un préstamo para comprar un vehículo.

LA ACCIÓN: Aumenta tu calificación FICO hasta 720 si quieres conseguir un préstamo en condiciones decentes.

Los prestamistas ya no están tan dispuestos a prestar dinero a personas con un crédito irregular. Ocurre con todo tipo de préstamos: hipotecas, préstamos para compra de vehículos, préstamos estudiantiles privados. En el pasado (en la época de los préstamos irresponsables y de alto riesgo, en 2007 y antes), era relativamente fácil para cualquiera conseguir un préstamo de cualquier tipo. Si tenías una excelente calificación FICO por encima de 720, obtenías las mejores condiciones. Sin embargo, aunque tuvieras una calificación FICO baja, podrías conseguir un préstamo de todas maneras, aunque probablemente pagarías tasas de interés más altas y también tarifas más caras. Actualmente, una baja calificación FICO puede significar que te nieguen un préstamo. Es el mismo tema que hemos tratado una y otra vez, a saber, que los prestamistas actualmente buscan seguridad, y se muestran muy cautos cuando se trata de saber a quién le prestan. Con una calificación FICO por debajo de 700, probablemente te será muy difícil solicitar un préstamo en 2009, o tendrás que pagar una alta penalización de riesgo, es decir, una tasa de interés y gastos más altos que los que habrías pagado con la misma calificación FICO hace dos años.

LA SITUACIÓN: Quieres mejorar tu calificación FICO, pero no sabes demasiado bien qué hacer.

LA ACCIÓN: Tienes que saber qué importa más en la calificación FICO y realizar los cambios necesarios en tu vida económica.

Fair Isaac es la empresa matriz responsable de las calificaciones FICO. En realidad, existen tres calificaciones FICO, una por cada una de las oficinas de crédito: Equifax, Experian y Trans Union. Las calificaciones FICO oscilan entre 300 y 850 puntos. Hace un año, te habría dicho que una calificación FICO de 720 o más era lo único que necesitabas para tener acceso a las mejores ofertas de préstamos. Sin embargo, debido a la crisis del crédito, el nivel superior ha sido modificado al alza. Algunas instituciones de préstamos hipotecarios reservan sus mejores tasas de interés para personas con una calificación FICO superior a 760. A menos que pienses comprar una casa en 2009, no me preocuparía, pero siempre y cuando tu calificación FICO sea de al menos 720. Es una puntuación todavía lo bastante buena para satisfacer a la mayoría de prestamistas.

Si tu calificación FICO es inferior a 720, he aquí lo que tienes que hacer para mejorarla:

- **Paga tus cuentas a tiempo.** Esto equivale al 35 por ciento de tu calificación FICO. Si te retrasas en los pagos, no sólo de las tarjetas de crédito sino de todo tipo de cuentas, tu calificación bajará. Paga a tiempo, aunque sea la cantidad mínima debida, y mejorarás tu puntuación.
- **Reduce el monto de tu deuda.** Ya hemos cubierto este aspecto al comienzo del capítulo. Cuanto menos debas en tus tarjetas de crédito y otras deudas, menos "arriesgado" parecerás a los prestamistas potenciales. El monto de tu deuda en relación con tu crédito disponible y otras deudas equivalen al 30 por ciento de tu calificación FICO.
- **No te deshagas de las tarjetas con un largo historial de créditos.** Cuanto más largo tu historial de créditos, más datos tiene FICO para evaluar si tu riesgo crediticio es bueno. Esto equivale al 15 por ciento de tu calificación FICO. Asegúrate de conservar tu tarjeta de crédito con el historial más largo en buenas condiciones, ya que no te convendría que la cancelaran.
- **Limita tus solicitudes de crédito.** Cuanto más crédito pidas, más nerviosos se ponen los prestamistas. Los créditos nuevos equivalen al 10 por ciento de tu calificación FICO. Si tu historial dice que has solicitado numerosas tarjetas de

crédito y un nuevo préstamo para la compra de un vehículo, todo al mismo tiempo, bajará tu calificación FICO.

■ **Procura tener una mezcla de diferentes tipos de crédito.** Ya sé que esto suena como una locura después de haber dicho que no te conviene tener demasiado crédito, pero a los prestamistas les tranquiliza ver que tienes diferentes tipos de crédito. Es una señal de que tienes experiencia lidiando con diferentes obligaciones que tienen diferentes plazos de pago. Por esto, tener una tarjeta de crédito y un préstamo para la compra de un vehículo es, en la práctica, mejor que tener sólo una tarjeta de crédito. Dicho eso, el conjunto de tus créditos representa el 10 por ciento de tu calificación FICO. Y mi consejo para 2009 es ignorar este aspecto. Si sólo tienes tarjetas de crédito, no te sugeriré que contrates la tarjeta de crédito de una tienda o que cargues con alguna otra deuda.

LA SITUACIÓN: Estás pesando la posibilidad de contratar los servicios de una empresa consolidadora de la deuda para ayudarte a pagar la deuda de tu tarjeta de crédito.

LA ACCIÓN: No te dejes tentar por estos señuelos. Estas ofertas suelen ser estafas y pueden perjudicar gravemente tu calificación FICO y dejarte con una deuda mayor que la deuda de partida.

Ya sé que suena muy tentador cuando ves una publicidad que te dice que La Super Gran Consolidadora de Deuda Inc. no espera otra cosa que conseguir que todos tus problemas de deudas desaparezcan. Lo que no explican es que normalmente te cobran un 10 por ciento o más de la cantidad que te "salvaron". Y te aseguro que estas empresas consolidadoras de la deuda no perderán demasiado tiempo para explicarte que cualquier acuerdo que negocies con ellos dará por los suelos con tu calificación FICO y puede que acabe costándote el pago de impuestos sobre la cantidad de deuda que te han perdonado.

Sin embargo, es inquietante el número creciente de reclamaciones en 2008 en que las empresas consolidadoras de la deuda cobraban la tarifa inicial pero después no movían ni un dedo por el cliente. Estos no sólo pagaban la tarifa sino que sus calificaciones FICO se resentían aún más porque la consolidadora de la deuda les decía que ellos se habían encargado de los pagos y del acuerdo. En realidad, no hacían nada, de modo que la cantidad que el cliente debía seguía aumentando vertiginosamente a medida que las tasas de interés subían y las multas se acumulaban.

No hay una manera fácil de salir de las deudas. Cualquiera que prometa una solución mágica para mejorar la situación miente o no explica adecuadamente los costes económicos y crediticios de sus procedimientos.

LA SITUACIÓN: No sabes a quién dirigirte para obtener una ayuda solvente y honesta para solucionar la deuda de tu tarjeta de crédito.

LA ACCIÓN: Ponte en contacto con la National Foundation for Credit Counseling. Ésta es una red de agencias sin fines de lucro con asesores con una buena formación que te ayudarán a evaluar tu situación y a adoptar las medidas más lógicas y realistas que puedas seguir. No obran milagros. Como acabamos de decir, no hay milagros cuando se trata de tus deudas de la tarjeta de crédito. Sin embargo, debes saber que los de la NFCC son los "chicos buenos" y que puedes confiar en ellos. Ve a nfcc.org o llama al 800-388-2227.

LA SITUACIÓN: Has consultado con un asesor de crédito de la red NFCC en 2008, pero sigues sin poder permitirte un plan de reembolso con los intereses de las tarjetas de crédito a 19 por ciento o más.

LA ACCIÓN: No te des por vencido. Puede que en 2009 tengas más opciones. Mientras escribo estas líneas, el NFCC ha celebrado una ronda de reuniones con las diez principales empresas de tarjetas de crédito con el objetivo de elaborar un Plan de Reembolso de la Deuda (DMP—Debt Repayment Plan) homologado, hacia el 31 de marzo de 2009. Este plan ofrecería tasas de interés lo bastante bajas para que los clientes puedan pagar sus saldos registrados (con un pago fijo del 2 por ciento, o de 1,75 por ciento en caso de dificultades de pago) en cinco años. Ir a mi sitio web o a nfcc.org para ver las actualizaciones.

LA SITUACIÓN: Tienes la impresión de que todo se derrumbará y temes que tu única opción sea la quiebra.

LA ACCIÓN: Ponte en contacto con la NFCC y consigue una ayuda honesta para evaluar tus opciones. Si no cumples con los requisitos para un DMP, el asesor intentará encontrar una alternativa viable a la quiebra. Sólo el 10 por ciento de sus clientes han debido optar por la quiebra.

Dicho eso, si la verdad es que debes más de lo que ganas; si has tratado de todas las maneras posibles de pagar las cuentas, lo cual implica tener un segundo y hasta un tercer empleo; si tu deuda sigue aumentando y te están cobrando un interés de 32 por ciento y todavía no ves la luz, puede que la quiebra, lamentablemente, sea tu mejor opción. Pero recuerda que la quiebra destrozará tu calificación FICO, aunque si te has retrasado en tus pagos es probable que tu calificación FICO ya sea bastante baja. La quiebra es de verdad un último recurso cuando has probado todo lo demás. Este paso radical requiere un riguroso estudio. Te sugiero contratar los servicios de un abogado acreditado que pueda explicar la ley vigente, los aspectos positivos y negativos de solicitar la quiebra y los diferentes tipos de quiebra existentes. Para tener una visión general del tema, visita el sitio web de credit.com en www.credit.com/slp/chapter8/Bankruptcy.jsp.

LA SITUACIÓN: No dejas de recibir llamadas diciendo que debes dinero en una tarjeta de crédito, pero no sabes a qué se refiere la agencia cobradora.

LA ACCIÓN: En primer lugar, comprueba la deuda. Las agencias cobradoras de deudas a veces van a la caza de viejas deudas que nunca han sido saldadas, y esperan que pagarás para que cesen las llamadas. Sin embargo, en muchas ocasiones las deudas son falsas (resultado de un robo de documentos, de errores administrativos o de informes crediticios que deben ser actualizados). A veces una deuda es tan antigua que ya ha vencido el plazo para que un cobrador pueda demandarnos legalmente para que le paguemos (ver más abajo). Al cabo de treinta días de establecerse el contacto, envía una carta al cobrador (asegúrate de que sea por correo certificado y de pedir acuso de recibo) declarando que tú no debes ese dinero y solicitando pruebas de que la deuda es válida (por ejemplo, una copia de la factura que supuestamente debes). Si la agencia cobradora no presenta las pruebas necesarias en el plazo de los próximos treinta días, no puede seguir poniéndose en contacto contigo ni puede incluir la deuda en tu informe crediticio. Recuerda que la mejor opción para evitar estas deudas "zombi" que resurgen por error es mantenerte al día de tu informe crediticio. En estos tiempos de recorte del crédito, nadie se puede permitir ni un solo error que pudiera rebajar su calificación FICO. Ve a annualcreditreport.com para obtener tu informe crediticio gratis. Cada una de las tres oficinas de crédito, Equifax, Experian y Trans-Union, están obligadas a proporcionarte un informe gratis una vez al año.

LA SITUACIÓN: Llevas un tiempo sin pagar las cuentas de tu tarjeta de crédito y tus tarjetas fueron cerradas hace cinco años. Sin embargo, todavía recibes llamadas diciendo que debes dinero.

LA ACCIÓN: Consulta, según las leyes de tu estado, cuál es el plazo de prescripción de los cobros de deudas. En todos los estados, las leyes de prescripción comienzan a contar desde la fecha en que no has pagado lo que debías (siempre y cuando no hicieras otro pago en la cuenta de esa tarjeta de crédito. Puedes encontrar una lista de las leyes de cada estado en http://www.fair-debt-collection.com/SOL-by-State.html). Una manera de demostrar que la ley se puede aplicar a tus deudas es conseguir una copia de tu informe crediticio. En éste se recogerán las fechas en que incurriste en falta según lo informado por tus acreedores. Por lo tanto, si las leyes de prescripción de tu estado sobre las tarjeta de crédito establecen un plazo de cinco años, y tu último pago debía efectuarse el 12 de abril, la ley de prescripción para esa deuda prescribirá el 12 de abril dentro de cinco años, suponiendo que no hayas hecho otros pagos. (Atención: las leyes variarán según los diferentes tipos de deudas. Las leyes de prescripción para las cuentas de tarjeta de crédito son diferentes de las leyes para las hipotecas o para los préstamos para la compra de un vehículo). También es importante señalar que si una agencia cobradora se pone en contacto contigo y tú prometes enviarles un cheque o mandas una pequeña cantidad de dinero, es posible que el plazo de la ley de prescripción vuelva a activarse desde el principio.

LA SITUACIÓN: En el trabajo, las agencias cobradoras te acosan con sus llamadas.

LA ACCIÓN: La ley de Prácticas justas en el cobro de deudas (Fair Debt Collection Practices Act—FDCPA) limita las prácticas que pueden emplear las agencias cobradoras. No te pueden llamar al trabajo si saben que tu empleador prohíbe dichas llamadas. Una vez que les has dado el aviso, tienen que poner fin a las llamadas. Se recomienda reforzar este procedimiento con una carta. Demuéstrales que conoces tus derechos informándoles que según la disposición 15 del Código Legal de Estados Unidos, artículo 1692b-c, la carta constituye un aviso formal de cesar toda futura comunicación contigo, excepto por los motivos específicamente recogidos en la ley federal. Los cobradores tampoco pueden llamar a tu casa con una frecuencia que pueda tipificarse como acoso, ni pueden llamar antes de las 08:00 hrs o después de las 21:00 hrs. Puedes informarte más detalladamente sobre tus derechos en el FDCPA en http://www.credit.com/credit_information/credit_law/Understanding-Your-Debt-Collection-Rights.jsp#2.

4

Las inversiones para la jubilación

La nueva realidad

Después de ver cómo tu cuenta 401(k) y tus inversiones en la cuenta IRA perdían el 30 por ciento o más el año pasado, estás muerto de miedo y lleno de dudas. Temes que tus pérdidas sean tan grandes que nunca podrás disfrutar de una jubilación acomodada. Y dudas de que algún día puedas recuperar esas pérdidas, sobre todo si sigues poseyendo acciones. Entiendo perfectamente por qué te sentirías así.

Sin embargo, tengo que advertirte que el mayor riesgo para tu seguridad en la jubilación es ceder a tus emociones. Cuando nos controlan el miedo y la duda, puede que tomes decisiones que parezcan "correctas" para 2009, pero éstas perjudicarán tu estrategia de jubilación a largo plazo. Por eso es tan difícil invertir en tu jubilación. Tienes que tener la determinación y la confianza para mirar más allá de lo que ocurre este mes, este trimestre y este año, y centrarte en las medidas correctas que debes adoptar hoy y que te servirán en la jubilación.

Para muchos de ustedes, lo más difícil que les pediré para el año 2009 es no cambiar nada. Como explicaré, ceñirte a tu estrategia a largo plazo en 2009 es más importante (y, a la larga, posee el potencial para dar los máximos beneficios) que en cualquier otro año.

Al mismo tiempo, puede que aquellos de ustedes que estén a diez años o menos de jubilarse tengan que introducir grandes cambios en su estrategia de jubilación. He escuchado historias de muchas personas a punto de jubilarse a quienes les entraba el pánico porque tenían el grueso de sus ahorros invertidos en acciones. Como explicaré detalladamente en el Plan de acción que sigue, eso nunca ha sido una buena idea. A medida que te acercas a la jubilación, tienes que desplazar partes cada vez más sustanciales de tu dinero a bonos y a cuentas de valores estables.

Debo insistir en lo importante que es tener cuidado con las inversiones para la jubilación en 2009. Las acciones precipitadas no son las correctas. Créeme, no puedes permitirte no entender esto. Por lo tanto, lee atentamente lo que sigue. Ya tengas veinticinco o sesenta y cinco años, he establecido los pasos que debes seguir para mantener el rumbo, empezando ahora mismo.

Qué debes hacer en 2009

- Asegúrate de que tienes una mezcla adecuada de acciones y bonos en tus cuentas de jubilación, en función de tu edad.
- No realices retiros tempranos ni tomes prestado de cuentas de tu jubilación para pagar por gastos no relacionados con la jubilación.
- Convierte una cuenta 401(k) en una cuenta de traspaso IRA para que puedas invertir en los mejores fondos de bajo costo, en fondos cotizados en Bolsa (ETF-Exchange-Traded Funds) y en bonos.
- Si cumples con los requisitos en 2009, piensa en mover al menos una parte de tu cuenta 401(k) a una cuenta de traspaso Roth IRA. O espera hasta 2010 para convertirla en una cuenta Roth cuando todos, independientemente de los ingresos, podrán adoptar esta medida. Sólo debes prestar atención a los impuestos derivados de la conversión.

Tu Plan de acción para 2009: Las inversiones para la jubilación

ATENCIÓN: *Cuando me refiero a las cuentas 401(k) en este capítulo, el consejo también puede* *aplicarse a las cuentas 403(b) y otras cuentas con impuestos diferidos.*

LA SITUACIÓN: No tienes planes de jubilarte antes de al menos diez años, pero después de ver que tus cuentas de jubilación perdían el 30 por ciento de su valor en 2008, estás harto de las acciones. Quieres dejar de invertir en la bolsa, al menos hasta que las acciones vuelvan a subir.

LA ACCIÓN: Resiste la tentación de dejar de invertir en acciones. Si tienes el tiempo a tu favor (lo cual significa al menos diez años, y preferiblemente más, antes de que necesites dinero), te sugiero mantener una parte importante de tu dinero para la jubilación en acciones.

Como he señalado más arriba, la parte más difícil de las inversiones para la jubilación es mantenerse centrado en un objetivo a largo plazo, en lugar de sentirse sacudido por los acontecimientos diarios. Y si tu objetivo es, de hecho, a diez, veinte o treinta años de plazo, entonces te diré que este momento parece muy indicado para seguir invirtiendo en acciones. Ya sé que es difícil entender esto cuando los precios están tan bajos. Sin embargo, precisamente porque están mucho más bajos, se espera que a largo plazo el rendimiento sea mayor. Recuerda el primer mandamiento de las inversiones: compra a la baja, vende al alza. Pues, éste es el momento más indicado para comprar a precios bajos. No te sugiero con eso que podrás vender a precios más altos el próximo año, ni siquiera al año siguiente. No es probable que así sea. Por otro lado, es irrelevante, porque nos centramos en la oportunidad de comprar hoy y esperar diez, quince, veinte años o más. Si compras a bajo precio hoy es probable que con el tiempo puedas vender a niveles mucho más altos.

LA SITUACIÓN: No dejas de oír que lo mejor que puedes hacer es seguir invirtiendo en tu cuenta 401(k), pero eso no tiene sentido para ti, puesto que se espera que 2009 será un año muy accidentado en los mercados.

LA ACCIÓN: Concéntrate en cuántas acciones puedes comprar en 2009 y olvídate del valor de esas acciones.

Si el tiempo corre a tu favor, y eso quiere decir que pasarán al menos diez años antes de que intentes utilizar tus ahorros de jubilación, no debería preocuparte tanto cuánto valen tus cuentas de jubilación hoy sino cuánto podrían valer en el futuro.

Entiendo tu deseo de poner todo tu dinero en un fondo de valores estables o de mercado monetario que te ofrece tu cuenta 401(k). Sin embargo, se trata de un recurso a corto plazo que a la larga te podría dejar en una posición más débil. ¿Por qué? Porque una vez que hayas sacado tu dinero de las acciones, renuncias a toda posibilidad de recuperar tus pérdidas. Desde luego, el fondo estable te dará unos beneficios del 3 por ciento o 4 por ciento al año, pero lo más probable es que eso no sea suficiente para ayudarte a alcanzar tus objetivos de inversión a largo plazo. Los rendimientos de un fondo estable apenas podrán mantenerse a la altura de la inflación. Si me dijeras que tu cuenta es lo bastante abultada y que mantenerte al ritmo de la inflación es lo único que necesitas, entonces sería la primera en decir: inviértelo todo en el fondo de valores estables. Sin embargo, ésa no es la situación de la mayoría de las personas. Éstas necesitan mayores beneficios a lo largo del tiempo para reunir una cuenta lo bastante grande para jubilarse con comodidad. Sólo las acciones poseen el potencial de producir beneficios superiores a la inflación a largo plazo.

Mientras escribo estas líneas, en noviembre de 2008, muchos índices bursátiles experimentan caídas de hasta un 40 por ciento a lo largo de 2008. Si bien es muy posible que haya más pérdidas a medida que nos abrimos camino para superar el desastre financiero y la recesión económica, creo que es probable que ya haya pasado lo peor de los daños. No creo que vayamos a conocer bajas del 40 por ciento de ahora en adelante.

LA SITUACIÓN: Te quedan más de diez años para jubilarte, pero no puedes soportar ver cómo tu cuenta 401(k) pierde mes a mes. Quieres poner tus aportaciones mensuales en un lugar seguro dentro de tu cuenta de jubilación.

LA ACCIÓN: Tienes que entender que con los precios a la baja actualmente, el dinero que sigues invirtiendo en tu cuenta 401(k) comprará más acciones. Y lo que quieres en este momento es conseguir tantas acciones como puedas. Ahora bien, yo no suelo confundir la realidad con el deseo. Es indudable que espero cierta inestabilidad en los mercados en 2009 que podría hacer bajar aún más los precios de la bolsa. En ese caso, ¿por qué decirte que sigas comprando en 2009? Porque te dará sus dividendos en 2019, 2029 y 2039.

Pongamos un ejemplo hipotético sencillo. Supongamos que has invertido 200 dólares en el fondo de acciones de tu cuenta 401(k). El precio de las acciones era de 20 dólares, de modo que con tus 200 dólares has comprado diez acciones. Digamos que un mes más tarde, las acciones han caído a un precio de diez dólares por acción. Eso significa que con tus 200 dólares podrías comprar 20 acciones.

Sin embargo, si decidieras renunciar a la bolsa después de ese mes de inversión y poner tus 200 dólares en un fondo de valores estables, seguirías teniendo tus diez acciones y tendrías 200 dólares en efectivo en tu cuenta 401(k).

Por el contrario, si quisieras seguir invirtiendo tu aportación de 200 dólares ese mes en el fondo de acciones a 10 dólares la acción, tendrías 30 acciones (las diez que compraste el primer mes más las 20 que compraste el segundo mes).

Para los fines de este ejercicio, supongamos que el fondo de acciones volvió al nivel de 20 dólares por acción un mes después de tu inversión.

En el primer ejemplo, cuando dejaste de invertir en acciones, tus diez acciones a 20 dólares valdrían ahora 200 dólares, y seguirías teniendo 200 dólares en el fondo de valores estables. Tendrías un total de 400 dólares en tu cuenta. Estás donde empezaste.

En el segundo caso, si hubieras seguido invirtiendo, tendrías 30 acciones del fondo de acciones en tu cuenta 401(k), que ahora vale 20 dólares la acción. Tendrías 600 dólares en tu cuenta, unos beneficios de 200 dólares sobre lo invertido.

En el primer ejemplo, te encuentras en el punto de partida. En el segundo, tienes unas ganancias del 50 por ciento sobre tu dinero invertido.

Reconozco que se trata de un ejemplo extremo (no hay posibilidad de que tus inversiones en acciones se recuperen de la caída en un mes) pero quiero dejar bien establecido que la decisión correcta a lo largo del tiempo es invertir, invertir e invertir. Siempre y cuando tengas al menos diez años como plazo antes de que vayas a utilizar ese dinero, quiero convencerte de que te relajes y tengas una perspectiva a largo plazo cuando abras tu extracto mensual y veas que el valor de tu cuenta ha bajado. Cuanto más baja, más acciones podrías comprar. Cuantas más acciones compres ahora, mayores serán los beneficios cuando los mercados se recuperen. Te sugiero encarecidamente que no dejes de invertir ahora. No cambies de estrategia... sólo te pido que cambies tu perspectiva.

LA SITUACIÓN: Tu plan es dejar las acciones ahora que siguen bajando, y volver a poner el dinero en acciones cuando las cosas mejoren.

LA ACCIÓN: Lo que intentas hacer es predecir los ciclos del mercado, una práctica conocida como *market timing*. En el corto plazo, creerás haber hecho lo correcto, pero a largo plazo te saldrá el tiro por la culata. Y la inversión para la jubilación se basa precisamente en plazos largos.

El problema con el *market timing* es que si estás fuera del mercado de acciones, corres el riesgo muy real de no estar en ese mercado cuando se recupere. No habrá manera de compensar las pérdidas si te pierdes esa recuperación.

Entiendo tu planteamiento: sería estupendo si pudiéramos vender antes de que los mercados caigan y comprar antes de que vuelvan a subir, pero es casi imposible calcular a la perfección porque no hay manera de saber cuándo se producirán las grandes recuperaciones. Por ejemplo, un día de octubre de 2008, en un periodo sumamente turbulento, el Índice Dow Jones perdió casi 700 puntos. Supongamos que ese día te desprendiste de tus acciones porque estabas harto. Y bien, dos días más tarde, el Índice Dow Jones se disparó y subió más de 900 puntos. Por lo tanto, te perdiste la recuperación que anuló las pérdidas sufridas unos días antes. Desde luego, es un ejemplo raro y drástico, porque esas enormes oscilaciones en cuestión de pocos días no son habituales. Pero la verdad es clara: si intentas predecir los ciclos del mercado, es probable que te pierdas la recuperación.

Sé que no es divertido ni fácil, pero una estrategia de comprar y guardar a largo plazo en un fondo que cotiza en bolsa (ETFs) es la mejor solución. He aquí algunos hechos que considerar:

Supongamos que invertiste $1.000 en 1950 y luego tuviste un *market timing* perfecto y conseguiste evitar los veinte peores meses entre 1950 y junio de 2008. Tus $1.000 habrían aumentado hasta más de $800.000, según Toreador Research & Trading. Sin embargo, no existe un calendario público que nos diga cuándo entrar y cuándo salir. Veamos qué pasaría si te hubieras perdido los veinte mejores meses de la bolsa durante ese periodo, es decir, si hubieras vendido cuando el mercado subió. Tus $1.000 sólo habrían aumentado hasta $11.500. Si, al contrario, hubieras invertido tus $1.000 y los hubieras dejado en el mercado en los buenos tiempos como en los malos, habrías acabado con $73.000. Es mucho menos que $800.000, pero también es mucho más que $11.500. Es verdad que ninguno de nosotros piensa a cincuenta y siete años vista, pero hay numerosos estudios similares a éste que han llegado a las mismas conclusiones para periodos más cortos. Comprar y guardar es el punto ideal entre un *market timing* perfecto pero esquivo y un *market timing* trágicamente deficiente.

LA SITUACIÓN: El tiempo corre a tu favor, pero sigues sin confiar en la historia. No puedes quitarte de encima la sensación de que esta vez es diferente, que la inversión de comprar y guardar no es el procedimiento adecuado.

LA ACCIÓN: Oblígate a mantener la confianza. Pero si al final del día no puedes funcionar porque estás demasiado preocupado, quizá sea preferible vender las acciones. Sin embargo, es necesario que sepas que te pierdes una importante compensación.

Desprendámonos de las emociones un momento. El mejor consejo financiero que puedo darte es que conserves la inversión. Sé que la situación que vivimos actualmente puede infundir mucho miedo, pero ya hemos vivido otros tiempos de miedo en el pasado.

Más abajo encontrarás las diez caídas (periodos de grandes pérdidas en que los índices de los mercados bursátiles caen al menos 20 por ciento) más recientes y anteriores a 2008.

Por lo tanto, verás que ésta no es la primera (ni la última) situación de miedo. Lo más importante es entender que a pesar de todos esos malos periodos, los inversionistas pacientes tuvieron buenos resultados. En realidad, más que buenos. Desde 1950 hasta 2007 los beneficios anualizados en el índice S&P 500 fueron superiores al 10 por ciento. Una buena cosecha. Hay malos momentos y buenos momentos, y la historia nos dice que a lo largo del tiempo, los buenos momentos pesan más que los malos.

MERCADOS BAJISTAS	PÉRDIDA
Agosto 1956–octubre 1957	−21,6%
Diciembre 1961–junio 1962	−28%
Febrero 1966–octubre 1966	−22%
Noviembre 1968–mayo 1970	−36%
Enero 1973–octubre 1974	−48,2%
Septiembre 1976–marzo 1978	−19,4%
Enero 1981–agosto 1982	−25,85%
Agosto 1987–diciembre 1987	−33,5%
Julio 1990–octubre 1990	−19,9%
Marzo 2000–octubre 2002	−49,1%

Fuente: The Vanguard Group; Standard & Poor's

Así que ahora ya conoces mi mejor consejo financiero. Mantén el rumbo. Eso haría si el dinero fuera mío. Pero no es mi dinero. Es *tu* dinero. Y nadie se preocupará tanto por él como tú. Si sabes que la única manera que tienes de capear estos malos tiempos es sacar tu dinero de la bolsa y ponerlo en un fondo de valores estables o en el mercado monetario, entonces es lo que tienes que hacer. Sólo te pido que consideres todo lo que lees en este Plan de acción. Desde una perspectiva financiera, te arriesgas a no poder nunca compensar las pérdidas y a no obtener beneficios suficientes para superar la inflación. Quizá puedas llegar a un acuerdo contigo mismo: ¿Qué te parecería trasladar una pequeña parte de tu dinero de las acciones a un fondo de valores estables? Eso te facilitará las cosas en los tiempos difíciles, pero conservarás una parte de tus fondos de jubilación invertida en acciones.

Respeto el componente emocional de una inversión, un aspecto que demasiados profesionales pasan por alto. Lo único que te pido en 2009 es hacer todo lo posible para impedir que tus emociones hagan descarrilar completamente tu estrategia de largo plazo. Tu solución podría ser una modalidad intermedia: al poner una parte de tu dinero en un fondo de valores estables (digamos, no más de una tercera parte) deberías poder conciliar el sueño hoy sin perjudicar tus posibilidades de conciliar el sueño también cuando te jubiles.

LA SITUACIÓN: Quieres dejar de invertir en tu cuenta 401(k), aunque tu empresa iguale tus contribuciones, para disponer de más dinero y pagar la deuda de tu tarjeta de crédito.

LA ACCIÓN: No lo hagas. Si trabajas para una empresa que iguala tus contribuciones a la cuenta 401(k), no me importa cuánto debas en tu tarjeta de crédito ni lo desastrosa que es tu economía. No puedes permitirte renunciar a las contribuciones de la empresa. ¿Me has oído?

Cuando tu empresa aporta 25 centavos por cada dólar de tu dinero, o 50 centavos por cada dólar invertido, es un trato demasiado bueno como para renunciar a él.

LA SITUACIÓN: Quieres dejar de aportar a tu cuenta 401(k) después de haber alcanzado el máximo de contribuciones de tu empresa, con el fin de pagar las deudas de tu tarjeta de crédito.

LA ACCIÓN: Hazlo. Cuando hayas llegado al punto en que has obtenido el máximo de aportaciones de tu empresa (pide a Recursos Humanos que te ayude a calcular el máximo que debes aportar para cobrar todas las contribuciones de la empresa), deberías dejar absolutamente de aportar a tu cuenta y así disponer de más dinero de tu sueldo para pagar la deuda de tus tarjeta de crédito. Como he explicado en el "Plan de acción: el crédito", disminuir los saldos de tus tarjeta de crédito en 2009 no sólo es inteligente sino también necesario.

LA SITUACIÓN: Piensas jubilarte en cinco años y te preguntas si tiene más sentido seguir aportando a tu cuenta 401(k) o usar el dinero para pagar tu hipoteca.

LA ACCIÓN: Si tu intención es vivir en tu casa para siempre, te recomiendo que te centres en pagar la hipoteca. Eso sí, con una advertencia: si tienes una contribución de contrapartida de tu empresa para tu cuenta 401(k), debes seguir invirtiendo lo suficiente para conseguir la máxima contribución del empleador. Es un gran trato al que no deberías renunciar. Sin embargo, te recomiendo recortar tu contribución justo al nivel de las contribuciones de contrapartida, de modo que tengas más dinero de tu sueldo disponible para pagar la hipoteca antes de que te jubiles. Sé que eso significa que habrás ahorrado menos en tu cuenta 401(k), pero también necesitarás mucho menos porque ya no tendrás que ocuparte del pago de la hipoteca cuando te hayas jubilado, y para muchos jubilados ésa es una de las principales preocupaciones en relación con sus ingresos.

LA SITUACIÓN: No puedes pagar la hipoteca y quieres tomar prestado o sacar dinero de tu cuenta 401(k) para hacer los pagos.

LA ACCIÓN: No lo hagas. Hay demasiadas personas que actualmente están cometiendo este grave error. Entiendo que estás desesperado por no perder tu vivienda y que harás cualquier cosa para evitar la ejecución hipotecaria, pero te aconsejo decididamente no efectuar el retiro. Tendrás que pagar un impuesto y, además, te gravarán con una multa del 10 por ciento del dinero retirado si tienes menos de 59 años y medio. Y luego, seis meses más tarde, habrás vuelto al mismo agujero: Se habrá acabado todo el dinero de tu 401(k) y, una vez más, volverás a retrasarte en el pago de la hipoteca.

Un préstamo sobre tu cuenta 401(k) también es un grave riesgo. Si te despiden, normalmente debes pagar esa deuda en unos pocos meses. Las perspectivas económicas actuales predicen un aumento de los despidos en 2009. Por lo tanto, si tomas ese préstamo y luego te despiden y no puedes pagar el préstamo lo antes posible, tendrás un problema añadido con los impuestos. El préstamo es tratado como un retiro y tendrás que pagar los impuestos correspondientes, y posiblemente una multa del 10 por ciento por retiro anticipado. Un préstamo también es peligroso porque puede que los mercados se recuperen en el periodo en que has pedido el préstamo, lo cual significa que te habrás perdido un periodo importante para recortar parte de tus pérdidas.

También es importante que sepas que el dinero que tienes en tu 401(k) o en tu cuenta IRA está protegido en caso de que tuvieras que declararte en quiebra. Ese dinero lo conservas, pase lo que pase.

Mi consejo es buscar en cada resquicio de tu economía para encontrar otras fuentes de ingreso cuando se trata de pagar la hipoteca. Ver "Plan de acción: Los gastos", para consejos sobre cómo estrujar tus ingresos actuales y aumentar tus ahorros.

LA SITUACIÓN: Te han cerrado la cuenta de tu tarjeta de crédito y te han aumentado a 32 por ciento la tasa de interés para el saldo restante. Ahora quieres pedir un préstamo sobre tu 401(k) para saldar la deuda de la tarjeta de crédito.

LA ACCIÓN: Como he señalado más arriba, es demasiado arriesgado pedir un préstamo sobre tu 401(k) en 2009, debido a la posibilidad de que aumenten los despidos. Entiendo el daño que puede hacer una tarjeta de crédito con una tasa de interés del 32 por ciento, pero quiero que resistas la tentación de entrar a saco en tu 401(k). Te recomiendo leer el "Plan de acción: Los gastos", para mis consejos sobre cómo ajustar seriamente los gastos y encontrar ahorros que luego podrás destinar a importantes objetivos financieros, como pagar la deuda de tu tarjeta de crédito con una alta tasa de interés.

LA SITUACIÓN: Te han despedido y necesitas el dinero de tu 401(k). ¿Puedes sacarlo sin tener que pagar la penalización del 10 por ciento?

LA ACCIÓN: Sí, si tienes 55 años o más el año en que te despidieron. Sin embargo, estarás obligado de todas maneras a pagar los impuestos correspondientes sobre lo que retires. Quiero dejar muy claro que no te recomiendo que retires dinero de tus cuentas de jubilación a una edad tan temprana, pero reconozco que algunas personas viven situaciones muy graves. Sólo te pido que hagas todo lo posible por no utilizar hoy el dinero de tu jubilación de mañana.

LA SITUACIÓN: Tienes menos de 55 años el año que te despiden. Necesitas desesperadamente el dinero de tu cuenta de jubilación para llegar a fin de mes. ¿Hay alguna manera de retirar el dinero sin tener que pagar la penalización del 10 por ciento?

LA ACCIÓN: Sí, pero tiene sus trucos. Averigua cómo establecer un plan de retiro que te permite retirar pagos iguales periódicos sustanciales (SEPP

—Substantial and Equal Periodic Payments) de tu cuenta de jubilación sin pagar la multa del 10 por ciento. Consulta con tu experto fiscal para que te explique cómo funciona en la práctica —está contemplado en la Norma 72t del código del IRS— y asegúrate de que tu asesor sea un experto en esta materia porque es muy compleja. Esto vale para todo tipo de cuentas de jubilación, no sólo las 401(k) y las 403(b). Y tengo que repetir lo que he dicho más arriba: retirar dinero de la cuenta de jubilación no es lo ideal. Así que te aconsejo hacer todo lo posible para no tocar esa cuenta.

LA SITUACIÓN: Te preocupa que tu empresa se declare en quiebra y que tú pierdas todo el dinero de tu cuenta 401(k).

LA ACCIÓN: Confirma que tu empresa ha depositado el dinero en tu cuenta 401(k) y no tendrás de qué preocuparte. El dinero invertido en tu cuenta 401(k) es tuyo, no de tu empresa. Tu empresa contrata a una tercera persona —normalmente una empresa de corretaje, de fondos mutuos o de seguros— para que gestione las cuentas 401(k) y, a su vez, esa empresa aparta tu dinero en una cuenta separada que es sólo tuya, aunque esa empresa de corretaje o de fondos mutuos tuviera problemas.

LA SITUACIÓN: Tienes unas contribuciones de contrapartida de tu empresa que no han sido depositadas en su totalidad y te preocupa que puedas perder ese dinero si tu empresa quiebra.

LA ACCIÓN: Es verdad que eso podría ocurrir. El dinero que aún no ha sido depositado no es tuyo. Por lo tanto, si tu empresa quiebra, no está legalmente obligada a depositar en tu cuenta el dinero aún no pagado. El dinero que *tú* aportas a tu cuenta 401(k) siempre es 100 por ciento tuyo.

LA SITUACIÓN: Tu empresa ha anunciado que suspenderá sus contribuciones equivalentes a las cuentas 401(k) en 2009. ¿Deberías seguir aportando a tu cuenta 401(k)?

LA ACCIÓN: Ya que no tendrás las contribuciones equivalentes, te sugiero adoptar una perspectiva estratégica del mejor uso que haces de tu dinero. Si tienes deudas en tu tarjeta de crédito, suspende tus contribuciones a tu 401(k), de modo que cuentes con más dinero de tu sueldo para destinar al pago de la deuda de la tarjeta de crédito. Si no tienes deudas de la tarjeta de crédito pero no tienes un fondo de emergencia de ocho meses, asegúrate de crear ese fondo de ahorros antes de hacer cualquier otra cosa. Si no tienes deudas en la tarjeta de crédito y tienes un fondo de emergencia de ocho meses, te sugiero que suspendas tus contribuciones a tu cuenta 401(k) en 2009 y, en su lugar —si cumples con los requisitos— inviertas en una cuenta Roth IRA. Si no cumples con los requisitos, invierte en una cuenta IRA tradicional. Si ya has invertido en tu cuenta Roth o IRA, utiliza ese dinero extra para pagar la hipoteca de tu casa, si tus planes son vivir ahí siempre, o sigue contribuyendo a tu cuenta 401(k). Aunque no cuentes con las contribuciones equivalentes de la empresa, sigue siendo una manera inteligente de ahorrar para tu jubilación con dinero que paga impuestos diferidos.

LA SITUACIÓN: Tienes dinero en una cuenta 401(k) de un antiguo empleador y te preguntas si deberías dejarlo ahí, transferirla al plan de tu actual empleador o crear una cuenta de traspaso IRA (IRA "rollover").

LA ACCIÓN: Crea una cuenta de traspaso IRA. En lugar de verte limitado a un puñado de fondos mutuos que te ofrece tu plan 401(k), tú escoges los fondos, los fondos cotizados en Bolsa (ETFs) y las acciones o los bonos individuales en que invertir cuando creas una cuenta de traspaso IRA. Esto te dará un control total y te permitirá escoger las mejores inversiones de bajo coste para tu dinero de la jubilación.

LA SITUACIÓN: Quieres crear una cuenta de traspaso IRA, pero no sabes cómo.

LA ACCIÓN: Escoge la institución financiera en la que quieras poner tu dinero (es lo que corresponde al traspaso) y esa empresa te ayudará a trasladar el dinero desde la cuenta 401(k) a tu nueva cuenta IRA. Yo creo que mantener tus costes lo más bajo posibles es sumamente importante, así que suelo recomendar firmas de corretaje sin cargos o fondos sin cargo, que también tienen bajos costes en corretaje cuando se trata de tus inversiones en bonos y ETFs. Cuando hayas escogido la empresa donde pondrás tu dinero, sólo tendrás que rellenar un formulario de solicitud de traspaso y escoger la opción de un traspaso directo. Eso significa que tu nueva empresa se pondrá en contacto con tu antigua cuenta 401(k) directamente y traspasará tu dinero. Una vez creada tu IRA, establece una inversión mensual automática (desde una cuenta bancaria) de la parte que crece de tu cartera para la jubilación. Recomiendo encarecidamente inversiones mensuales en lugar de una sola inversión con una cantidad global. Las inversiones periódicas son una manera de practicar la promediación de costos, una inteligente estrategia para invertir en acciones.

LA SITUACIÓN: Quieres crear una cuenta de traspaso IRA pero no estás seguro si deberías traspasarla a una cuenta IRA tradicional o a una Roth IRA.

LA ACCIÓN: Si cumples los requisitos para traspasar a una cuenta IRA en 2009, tienes que contemplar esa posibilidad. Sin embargo, hay un pero. Cuando conviertes cualquier dinero en una cuenta Roth IRA que estaba en una cuenta 401(k) o en una cuenta IRA tradicional, pagarás impuestos. Así que debes pensar seriamente de dónde sacarás el dinero para pagar esos impuestos. Una estrategia consiste en convertir por pequeñas porciones, para que no tengas que hacer frente a unos impuestos exorbitantes. También recomiendo que consultes con un asesor fiscal que tenga experiencia en conversiones Roth para asegurarte de elegir una estrategia que no te acarree problemas de impuestos.

Sin embargo, tienes que entender una cosa. El dinero en tu cuenta 401(k) es, en la mayoría de los casos, gravado con impuestos diferidos. Eso significa que cuando finalmente saques dinero de esa cuenta en tu jubilación, tendrás que pagar impuestos a la tasa habitual de los impuestos sobre la renta. Si lo traspasas a una cuenta IRA tradicional, para efectos de impuestos el sistema sigue siendo el mismo.

Una cuenta Roth IRA es diferente. Inviertes dinero sobre el cual ya has pagado impuestos y, en la jubilación, puedes sacar todo el dinero en tu cuenta Roth sin pagar impuestos. De modo que lo más inteligente que puedes hacer con tu cuenta 401(k) es primero traspasarla a una cuenta de traspaso IRA. Después, dependiendo del dinero que tengas realmente en tu traspaso IRA, lo convertirías en una cuenta Roth IRA poco a poco o de una sola vez. Recuerda que tendrás que pagar impuestos sobre cualquier dinero que conviertas. Sin embargo, el esfuerzo vale la pena. El crecimiento de tu cuenta Roth IRA no estará sujeto a impuestos si no la tocas hasta que tengas 59 años y medio y has tenido la cuenta Roth al menos cinco años. Puedes saber más sobre las conversiones Roth en http://www.fairmark.com/rothira.

LA SITUACIÓN: Quieres convertir a una cuenta Roth IRA pero te han dicho que tus ingresos son demasiado altos.

LA ACCIÓN: Traspasa tu cuenta 401(k) a una IRA tradicional en 2009 y luego convierte la cuenta IRA en una cuenta Roth IRA en 2010, cuando todos, independientemente de los ingresos, podremos convertir a una cuenta Roth IRA.

En 2009, debes tener un ingreso bruto ajustado modificado (MAGI) por debajo de $100.000 en tu declaración de la renta para acogerte a una conversión Roth. Son $100.000, ya seas soltero o presentes una declaración conjunta. Sin embargo, este límite de ingresos desaparecerá en 2010. Todos y cualquiera podrán convertir su traspaso de cuenta 401(k) o IRA tradicional en una cuenta Roth IRA en 2010. Una buena recompensa por esperar hasta 2010 es que los impuestos que debes pagar por la conversión se pueden pagar en dos años.

LA SITUACIÓN: Hiciste la conversión a una cuenta Roth IRA en 2008, pero ahora te lo reprochas porque el valor de tu cuenta ha sufrido una caída del 20 por ciento y tú debes pagar los impuestos sobre la cantidad originalmente convertida.

LA ACCIÓN: Haz una recaracterización. En una rara demostración de flexibilidad, el IRS permite volver atrás en las conversiones IRA. Si conviertes una cuenta IRA tradicional en una cuenta Roth y luego te arrepientes, puedes anular tu decisión.

La ventaja de hacer esto durante un periodo de baja de los mercados es que luego puedes reconvertir a una cuenta Roth IRA y tu nuevo cobro de impuestos se basará en el valor de la cuenta en el momento de la segunda conversión.

Supongamos que convertiste $20.000 en 2008. Luego la baja en los mercados hizo caer el valor a $10.000. Debes impuestos sobre los $20.000, ya que ése era el valor en el momento de la conversión. Si procedes a una recaracterización, el dinero vuelve a la cuenta IRA tradicional y no tienes que pagar esos impuestos. Debes esperar hasta el siguiente año fiscal para reconvertir a una cuenta Roth. Supongamos que en ese momento tu cuenta IRA sigue teniendo $10.000. Deberás pagar impuestos sobre la conversión de $10.000. Es mucho mejor que los impuestos de 2008 que se habrían basado en la conversión original de $20.000.

LA SITUACIÓN: No estás seguro de que cumplas los requisitos para una cuenta Roth, ni sabes cuánto puedes aportar si la tienes.

LA ACCIÓN: En 2009, el límite de las contribuciones a la cuenta Roth es de $5.000, si tienes menos de cincuenta años. Si tienes más de cincuenta años, puedes invertir hasta $6.000. Las personas con ingreso bruto ajustado modificado inferior a $105.000 y las parejas casadas que presentan declaración de la renta conjunta con ingresos inferiores a $166.000 pueden invertir hasta esos máximos. Las personas con ingresos entre $105.000 y $120.000 y las parejas casadas con ingresos entre $166.000 y $176.000 pueden realizar contribuciones reducidas. Cualquier institución financiera que ofrece cuentas Roth IRA tendrá una calculadora en el Internet o un representante de su servicio al cliente para ayudarte a determinar si cumples con los requisitos.

LA SITUACIÓN: Cumples con los requisitos para tener una cuenta Roth, pero te preguntas para qué molestarte con ello si no puedes seguir contribuyendo a tu 401(k) después de superar las contribuciones equivalentes de la empresa.

LA ACCIÓN: Es importante entender que todo el dinero que saques de tu cuenta 401(k) (o, por cierto, también de tu cuenta IRA tradicional) pagará los impuestos de la renta habituales. Y dado el enorme déficit que enfrenta nuestro país —para no hablar del enorme costo de diversos planes de rescate— tenemos sobrados motivos para pensar que los impuestos en el futuro subirán, no que bajarán. ¿Cómo te puedes proteger de esos impuestos más altos? Invierte tu dinero para la jubilación en una cuenta Roth IRA. Si has tenido la cuenta al menos cinco años y tienes cincuenta y nueve años y medio cuando lo retires, no tendrás que pagar impuestos. Es mucho más conveniente pagar los impuestos sobre tu dinero hoy para no tener que pagarlos nunca más. Además, conviene saber, sobre todo en tiempos como éstos, que puedes retirar cualquier dinero que hayas aportado originalmente a tu cuenta Roth en cualquier momento, sin tener que pagar impuestos ni multas, independientemente de tu edad. Pero los intereses de tus contribuciones deben permanecer en tu cuenta Roth hasta que tengas cincuenta y nueve años y medio. En ese momento, y si la cuenta tiene al menos cinco años, también podrás retirar los intereses libres de impuestos.

Otro de los grandes beneficios de la cuenta Roth es que si no tienes que retirar dinero, el IRS no te obligará a hacerlo. Puedes dejar que el dinero siga creciendo y dejarlo a tus herederos como una estupenda herencia libre de impuestos. En este aspecto, es bastante diferente de una cuenta 401(k) o una IRA tradicional, porque el IRS insiste en que empieces a hacer los retiros mínimos requeridos no posteriormente al año en que cumples setenta años y medio.

LA SITUACIÓN: Tus ingresos son demasiado altos para invertir en una cuenta Roth IRA.

LA ACCIÓN: Invierte en una IRA tradicional (no deducible). Aunque no puedas deducir tus contribuciones, el dinero que pongas de lado crecerá con impuestos diferidos en 2009 y luego puedes convertir a una cuenta Roth IRA en 2010.

LA SITUACIÓN: No sabes cómo invertir el dinero que tienes en tu cuenta de jubilación.

LA ACCIÓN: Necesitas una mezcla de acciones y bonos. La composición de la mezcla depende básicamente de cuántos años te queden para jubilarte, pero también reconozco que tu "tolerancia al riesgo" pueda influir en tus decisiones. En las preguntas que siguen, te diré qué porcentajes de acciones y bonos deberías tener si te quedan cinco años para jubilarte, diez a quince años para jubilarte o veinte años o más para jubilarte.

FONDOS COTIZADOS EN BOLSA (ETFs) Y FONDOS DE INVERSIÓN SIN CARGO: Para tus acciones, te sugiero que te concentres en los fondos de inversión sin cargo, los ETFs o en acciones de alto retorno y que dejen dividendos. Los ETFs y los fondos de inversión sin cargo son la mejor manera de tener una cartera diversificada. Cada fondo de inversión o ETF es propietario de docenas, a veces de cientos de acciones diferentes. Para quienes no tienen grandes sumas de dinero ($100.000 o más) para invertir, es una manera más segura de proceder que poner el dinero en unas pocas acciones individuales.

BONOS: Prefiero que inviertas en bonos individuales en lugar de fondos de bonos. Lo explicaré más abajo.

LA SITUACIÓN: No sabes cuál es mejor: o un fondo de inversión sin cargo o un ETF.

LA ACCIÓN: Si tu cuenta de jubilación los ofrece, los más indicados son los ETFs.

He aquí lo que tienes que entender. Los fondos mutuos y los ETFs cobran lo que se denomina ratio de gastos anuales. Es una tarifa anual que todos pagan, pero está en cierto modo oculta y no la verás deducida de tu cuenta como un costo de partidas específicas. Al contrario, se deduce de los rendimientos de tu fondo. Hay fondos mutuos sin cargo que tienen ratios de gastos muy bajos —inferiores a 0,30 por ciento. Pero los ETFs pueden ser incluso mejores, con ratios de gastos anuales de 0,07 por ciento. Sé que parece una diferencia muy pequeña, pero cada céntimo que se queda en tu cuenta en lugar de pagar una tarifa es dinero que sigue creciendo para tu jubilación. Es uno de los motivos por los que me fascinan los ETFs. El único problema con los ETFs es que comercian en los mercados de acciones como si ellos mismos fueran un valor, lo cual significa que tienes que pagar una comisión por comprar y vender acciones del ETF. Cuando contratas un fondo de inversión sin cargo, no pagas comisión. Las firmas de corretaje con descuentos suelen cobrar unos diez dólares. No es gran cosa que pagar unas cuantas veces al año pero, desde luego, no quieres pagar esa comisión si haces inversiones todos los meses con pequeñas sumas de dinero (promediación de costos). Si eso ocurre, te conviene más poner dinero en tu cuenta IRA todos los meses, en una cuenta de mercado monetario y luego comprar tus ETFs cada tres meses en lugar de hacerlo todos los meses. Así, ahorrarás en comisiones.

LA SITUACIÓN: Quieres invertir en acciones, pero te confundes con tantas opciones. ¿Cómo sería una estrategia a largo plazo?

LA ACCIÓN: Una sólida estrategia a largo plazo para la parte de acciones de tu cartera es poner el 90 por ciento de tu dinero para acciones en un amplio fondo índice de Estados Unidos o en un ETF y el 10 por ciento en un fondo de acciones internacional o en un ETF. El Vanguard Total Stock Market Index Fund (VTSMX) y su primo ETF (VTI) son buenas opciones para las inversiones basadas en Estados Unidos. Ahora bien, si te inquieta lo que pueda pasar con las acciones en 2009, quiero que te asegures de leer mis consejos, más adelante en este capítulo, para invertir en fondos de alto dividendo o en ETFs. Creo que constituyen una excelente manera defensiva de invertir en acciones en 2009 y no hay ningún problema en utilizar los fondos de dividendo/ETFs en lugar de los fondos índice de Estados Unidos. En cuanto a la parte internacional, puedes optar por el Vanguard Total International Stock Index (VGTSX) o los iShares MSCI EAFE, ETF (EFA).

ATENCIÓN: *Si actualmente has invertido en dinero o bonos, y estás preparado para seguir mi estrategia para poseer acciones, no te apresures a mover todo tu dinero para ponerlo en acciones con una única cantidad. Te recomiendo que utilices la estrategia de promediación de costos que he explicado en este capítulo y que inviertas cantidades iguales cada mes a lo largo del próximo año para desplazar tu dinero lentamente hacia las acciones.*

LA SITUACIÓN: No estás seguro de si la parte de ingresos fijos de tu dinero debería invertirse en bonos o en fondos mutuos.

LA ACCIÓN: Si puedes, invierte en bonos individuales, no en fondos de bonos.

Prefiero los bonos a los fondos de bonos porque con bonos de alta calidad sabes que obtendrás la cantidad invertida cuando alcancen su madurez. Por ejemplo, si inviertes $5.000 en bonos del Tesoro con una madurez de cinco años, recuperarás los $5.000 cuando éstos maduren en cinco años. Durante el tiempo que tengas la propiedad de los pagarés, también cobrarás un interés fijo por esos cinco años (por cierto, un pagaré funciona igual que un bono. Pero a nuestro Departamento del Tesoro le agrada llamarlos pagarés). El problema con los fondos de bonos es que no tienen una fecha de madurez y su tasa de interés no es fija. Por lo tanto, es posible que obtengas menos de lo que invertiste y la tasa de interés podría bajar a lo largo de los años.

Te recomiendo guardar la parte de bonos de tu cuenta en bonos del Tesoro y/o en cuentas de depósitos si tienes una cuenta de jubilación, y bonos municipales de obligación general de alta calidad fuera de una cuenta de jubilación. Considerando lo que está ocurriendo en la economía, creo que es sensato conservar los pagarés o bonos que maduran en cinco años o menos. En los años que vienen, es posible que veamos tasas de interés más altas, así que no te recomiendo que encierres tu dinero por diez años o más. Compra bonos de madurez más corta para que puedas invertir en lo que calculo serán tasas de interés más altas en el futuro. (Si tienes tu dinero en una 401(k) y te quedan cinco años o menos para la jubilación, debo decir que en 2009 es preferible quedarse con un fondo de valores estables o escoger la opción del mercado monetario, en lugar del fondo de inversión.)

LA SITUACIÓN: Te quedan cinco años para la jubilación y piensas que no te puedes permitir perder ni un céntimo más de tu plan 401(k). ¿Qué deberías hacer?

LA ACCIÓN: Idealmente, no te conviene abandonar tus acciones completamente. Repasemos unos cuantos principios. En primer lugar, cualquier dinero que sepas que necesitarás en los próximos cinco a diez años para pagar facturas no debería estar en el mercado de acciones. Nunca tendría que haber estado y nunca lo estará. Pero sólo porque te jubilas en cinco años, no significa que tendrás que usar todo ese dinero inmediatamente, ¿no te parece? Usarás parte del dinero y, debido a nuestra mayor esperanza de vida, no tocarás el resto en diez, veinte, o quizá treinta años. Si eso se parece a tu situación, te sugiero que pienses en conservar el 25 por ciento a 30 por ciento de tu dinero en acciones, aunque sólo te queden cinco años para jubilarte.

Si tu problema es que has perdido tanto dinero que te preocupa que no tendrás suficiente para la jubilación, y quieres conservar lo que te queda en lugar seguro, tienes que mirar la realidad de frente. Poner todo tu dinero en un fondo de valores estables no es la solución. He aquí lo que tienes que hacer: retrasa tu jubilación en unos tres años o más. Eso le dará a tus acciones más tiempo para recuperarse de las recientes pérdidas. También te dará potencialmente más años trabajados para ahorrar más. Y, lo más importante, significa retrasar el momento en que empezarás a necesitar el dinero. Cada año que puedas aplazar la necesidad de tocar tus ahorros para la jubilación te será de una gran ayuda.

La única excepción en este caso es que hayas pensado que cuando te jubiles quieras usar todo el dinero de tu cuenta Roth IRA para pagar tu hipoteca. En ese caso, necesitarás todo tu dinero más temprano que tarde. Y luego, insisto: el dinero que sabes que necesitarás dentro de cinco o diez años no debería estar invertido en acciones. Ponlo todo en tu fondo de valores estables o en una cuenta de mercado monetario de tu plan de jubilación.

LA SITUACIÓN: Te quedan diez años para jubilarte y no sabes cuánto deberías invertir en acciones y cuánto en bonos o en efectivo.

LA ACCIÓN: Guarda al menos 50 por ciento de tu dinero en bonos individuales, cuentas de depósitos, fondos de valores estables o cuentas de mercado monetario. La mejor iniciativa cuando se acerca tu jubilación es reducir tus riesgos, lo cual significa dejar las acciones y comprar bonos. Pero esto sólo tiene sentido si lo que tienes en el momento de tu jubilación es lo bastante importante como para que puedas arreglarte con el 4 por ciento (aproximadamente.) al año de los intereses de los bonos. Tienes que asegurarte de que tienes ahorrada una cantidad lo bastante grande y que hayas calculado tus costos correctamente para poder ponerlo todo en bonos y vivir cómodamente. También es importante saber que, aunque te jubiles a los sesenta años, hay muchas probabilidades de que vivirás hasta los ochenta o incluso noventa años. Por lo tanto, tu fondo de jubilación tiene que mantenerte unos veinte o treinta años. Una simple operación nos dice que si retiras una cantidad cada mes de tu cuenta de jubilación y tu saldo restante crece a sólo el 4 por ciento (aproximadamente) al año, corres el riesgo de que tu dinero no te dure veinticinco o treinta años. (Casi todas las instituciones financieras tienen calculadoras gratis para la jubilación que podrán calcular cuánto te durará el dinero. Si no, escribe "calculadora para la jubilación" en tu herramienta de búsqueda.) Tienes que equilibrar el potencial de crecimiento de las acciones con el hecho de que pronto dependerás de tu cuenta de jubilación para vivir. Una mezcla de 50-50 es un buen objetivo para equilibrar esas dos necesidades diferentes.

Como explicaré más adelante en este capítulo, creo que los ETFs que se centran en acciones que pagan dividendos son una opción muy indicada para tus inversiones actuales en acciones. Los ingresos que percibes con los dividendos son una buena manera de recibir un "sueldo" hoy mientras sigues invirtiendo en acciones para obtener futuras ganancias. Si actualmente tienes una inversión del 50 por ciento en acciones y quieres invertir en acciones que pagan dividendos, puedes realizar el cambio. Si, al contrario, tienes mucho dinero en bonos o en efectivo, te recomiendo tomarte el tiempo para poner dinero en un ETF de acciones. En lugar de hacer una única inversión con una cantidad global, haz inversiones más pequeñas mes a mes (práctica conocida como promediación de costos) a lo largo del próximo año.

LA SITUACIÓN: No piensas tocar tu dinero de jubilación hasta dentro de diez o quince años. ¿Cuánto deberías invertir en acciones y cuánto en bonos y efectivo?

LA ACCIÓN: Si te quedan quince años para jubilarte, te recomiendo un 70 por ciento en acciones, un porcentaje que irás recortando en unos cinco puntos porcentuales al año, de modo que cuando te queden diez años para jubilarte tengas el 50 por ciento de tu dinero en acciones.

LA SITUACIÓN: Te quedan veinte años o más para jubilarte y quieres saber cuánto deberías invertir en acciones y cuánto en bonos y en efectivo.

LA ACCIÓN: Proponte tener el 100 por ciento en acciones. Estás en una excelente situación. Tienes tanto tiempo por delante que puedes superar esta baja de los mercados y aprovechar cuando las acciones se recuperen. Como he señalado anteriormente, éste podría ser un momento ideal para invertir en acciones porque podrás comprar a precios más bajos.

Si te inquieta poner todo tu dinero en el mercado, no tiene nada de malo conservar más o menos el 20 por ciento en bonos/efectivo. Con esa mezcla, tendrás buenos resultados cuando se recupere el mercado de acciones y, además, tendrás un buen colchón de bonos para reducir las pérdidas de tu cartera cuando baje el mercado de acciones. Si eso te ayuda a relajarte un poco y a comprometerte con una estrategia a largo plazo, creo que el 20 por ciento en bonos está bien, aunque yo preferiría tener el 100 por ciento en acciones.

LA SITUACIÓN: Pensabas jubilarte en 2009, pero después de encajar estas pérdidas tan grandes en tu cuenta no estás seguro de que puedas permitírtelo.

LA ACCIÓN: Piensa en lo que las pérdidas del mercado significarán para ti en términos de ingresos mensuales.

Supongamos que en 2007 tenías una cuenta de jubilación de $250.000. Hoy, esa cuenta vale $200.000. ¿Qué significa eso en términos de ingresos durante la jubilación? Tu intención al jubilarte era tener tu dinero invertido básicamente en bonos para que estuviera seguro y pudieras contar con un retorno de más o menos un 4 por ciento en 2009. Los $50.000 que perdiste generarían $2.000 a una tasa del 4 por ciento. En otras palabras, tu verdadera pérdida mensual en términos de ingresos sería de unos $170 al mes. Por lo tanto, la pregunta es: ¿significa esa pérdida de $170 al mes que ya no puedes jubilarte? Si la respuesta a esa pregunta es sí, la verdad es que de todas maneras contabas con poco dinero para jubilarte.

LA SITUACIÓN: Tienes una cuenta IRA en una firma de corretaje, pero te preocupa que si la firma quiebra, como sucedió con Bear Stearns, perderás todo tu dinero.

LA ACCIÓN: Deja de preocuparte. El dinero que has invertido en tus cuentas en una empresa de corretaje o de fondos mutuos está completamente separado de las operaciones de la empresa matriz. La empresa de corretaje o de fondos mutuos no puede usar tu dinero para pagar sus cuentas y deudas.

Aunque una empresa quiebre, tu dinero será transferido a otra firma de corretaje o fondo de inversión. O, lo que es más probable, la empresa será absorbida y pasarás a ser cliente de esa nueva empresa.

Y, para que lo sepas, si hay una irregularidad y la empresa utiliza tu dinero fraudulentamente, podrías recuperar hasta $500.000 (límite de $100.000 para las cuentas en efectivo) de la Securities Investor Protection Corp. —SIPC. Esto no es lo mismo que el seguro federal. Es un programa voluntario de empresas miembro que mantienen un fondo común para la solución de problemas. A finales de 2007, el SIPC tenía alrededor de $1.500 millones en este fondo. Esto cubre sólo las cuentas de inversión estándar. El SIPC no cubre alternativas como inversiones en divisas o mercancías. Consulta con tu empresa de corretaje o fondo de inversión para saber si pertenecen al SIPC.

LA SITUACIÓN: Tienes una anualidad (annuity) variable y te preocupa que la empresa de seguros quiebre y tú pierdas todo tu dinero.

LA ACCIÓN: El dinero invertido en una anualidad variable normalmente se encuentra segregado en subcuentas separadas del balance general de tu aseguradora. Aunque la aseguradora tuviera problemas, tu dinero no debería verse afectado. Dicho eso, es necesario saber que tu anualidad variable está sujeta a las pérdidas del mercado. Ése es el significado del término "variable." El valor de tu cuenta depende básicamente del rendimiento de las subcuentas (fondos) en que se ha invertido tu dinero.

LA SITUACIÓN: Tienes una anualidad fija de prima única y te preocupa que la empresa de seguros quiebre y tú pierdas todo tu dinero.

LA ACCIÓN: Con una anualidad fija de prima única, tu pago es, de hecho, una garantía de tu aseguradora, de modo que si ésta quiebra, hay motivos para preocuparse. Preocuparse, pero no caer presa del pánico.

En primer lugar, en la eventualidad poco probable de que algo le ocurra a tu aseguradora, hay un fondo de garantía estatal que intervendrá para cubrir los pagos de las anualidades (hasta un determinado límite). En la mayoría de estados, el pago garantizado de una anualidad es de $100.000, aunque en algunos estados es superior. (Visita www.nohlga.com y utiliza el localizador para encontrar el departamento de seguros de tu estado, donde podrás informarte sobre los límites del fondo de garantía de tu estado.)

Si tu anualidad excede el límite de la garantía de tu estado, tienes que pensar detenidamente en el costo de cobrar el dinero.

LA SITUACIÓN: Estás jubilado y necesitas un rendimiento más alto como ingreso de lo que puedes conseguir con una cuenta de depósitos del banco.

LA ACCIÓN: Piensa en adquirir bonos municipales, en fondos mutuos con acciones que pagan dividendos, o en ETFs.

Mientras escribo estas líneas, en noviembre de 2008, los bonos municipales están pagando los mejores rendimientos que he visto en muchos años, así que aprovéchalos. Quiero aclararlo: No te aconsejo poner en bonos municipales el dinero que tienes en una cuenta IRA, 401(k) u otras cuentas con impuestos diferidos. Dado que tu dinero ya tiene impuestos diferidos, no obtienes ningún beneficio añadido al comprar bonos municipales. Hablo de dinero que inviertes fuera de tu cuenta IRA o 401(k). Ahora bien, sé que antes he dicho que la parte de bonos de tu IRA y tu 401(k) debería invertirse en bonos del Tesoro de corta madurez, pero tengo una estrategia diferente para los bonos municipales. Creo que es inteligente invertir en bonos municipales con madurez de diez a veinte años. En noviembre de 2008, un bono de obligación general de veinte años tiene unos rendimiento del 5,14 por ciento. Para alguien que se encuentra en la franja del 28 por ciento de los impuestos federales, eso es el equivalente de un rendimientos del 7,1 por ciento. Es un rendimiento bastante importante. Si te encuentras en una franja impositiva superior, tu rendimiento será incluso superior.

Aunque me gusten mucho los bonos municipales, debería subrayar que esta estrategia sólo tiene sentido si tienes $100.000 o más para invertir. Eso es lo que necesitas para comprar una cartera diversificada con cinco a diez bonos diferentes y no tener que pagar tarifas exageradas (si no tienes esa cantidad de dinero, quédate con los pagarés del Tesoro).

Otra estrategia para generar más ingresos en 2009 consiste en invertir una parte de tu dinero en acciones individuales de alto dividendo o en ETFs.

Debido a las fuertes pérdidas del mercado, algunos pagos de dividendos son del 5 por ciento o más. Es mucho mejor de lo que puedes conseguir en un banco.

Sin embargo, debes saber que las acciones con dividendos tienen mayor riesgo que una cuenta de depósitos de un banco. Aunque estés recibiendo un buen pago por dividendos, el valor subyacente de tus acciones puede caer. Y en las duras condiciones de la economía actualmente, existe la posibilidad de que algunas empresas —como las empresas financieras en graves aprietos— descubran que tienen que suspender o reducir los pagos de sus dividendos. Debes entender que las empresas deciden pagar dividendos, y que no están obligadas a hacerlo. En el tercer trimestre de 2008, más de cien empresas disminuyeron sus dividendos, según los datos de Standard & Poor's.

He aquí mi estrategia para una inversión cauta en acciones con dividendos.

■ Invierte sólo dinero que sabes que no necesitarás en al menos diez años. Tendrás un ingreso (el pago de los dividendos) sobre ese dinero, pero puesto que se trata de acciones, te conviene saber que si baja el precio de la acción, no tendrás que vender con grandes pérdidas.

■ Conserva tus ETFs de bajo costo. Poseer acciones individuales aumenta tu riesgo de sufrir graves pérdidas si hay un problema inesperado en esa empresa o industria. Es más seguro invertir en una cartera diversificada de acciones que paguen dividendos. A mí me parecen bien Vanguard High Dividend Yield (VYM) y el Índice iShares Select Dividend (DVY), si inviertes en ETFs.

5

PLAN DE ACCIÓN

Los ahorros

La nueva realidad

Hasta los santuarios más seguros pueden ser peligrosos en una crisis del crédito. La importante quiebra del banco IndyMac en julio de 2008 tuvo como resultado que algunos depositantes recibieran un pago inicial de sólo 50 céntimos por dólar del dinero que tenían en el banco que excediera la cobertura del Federal Deposit Insurance Corp. (FDIC). Otra sacudida se produjo en septiembre de 2008, cuando Reserve, una empresa de fondos mutuos del mercado monetario, anunciaba que los valores del Fondo Primario de Reserve habían "roto el billete", es decir, habían caído por debajo de 1 dólar por acción. Los fondos mutuos de mercado monetario están diseñados para mantener siempre un valor fijo de un dólar por acción. Su único objetivo consiste en ofrecer ahorros seguros mediante un rendimiento bajo. Sin embargo, una de las inversiones del Fondo Primario de Reserve eran títulos cotizados en bolsa de Lehman Brothers. Cuando Lehman quebró, también se vino abajo el valor de esos títulos.

Mientras escribo estas líneas, en noviembre de 2008, todavía no está claro cuánto recibirán los accionistas de Reserve cuando el fondo se liquide. Podrían ser 97 centavos por dólar. Otro hecho inquietante es que los accionistas de quince fondos de mercado monetario gestionados por Reserve han tenido sus cuentas congeladas durante más de un mes, lo cual significa que no tienen acceso a un dinero que supuestamente está en una de las cuentas de inversión más líquidas.

Los problemas de Reserve desataron masivas demandas de pagos de inversionistas de otros fondos de mercado monetario en otras empresas. En septiembre, el Departamento del Tesoro tuvo que intervenir y ofrecer un fondo de garantías provisional para frenar una retirada masiva de los mercados monetarios (ver más abajo, para más detalles).

El momento del miedo por los ahorros no podía haber sido peor. Nunca ha sido tan importante una cuenta de ahorros de emergencia. Con una economía débil aumentan las probabilidades de que veamos un aumento de los despidos en 2009. Por eso te recomiendo que hagas todo lo posible por apartar ahorros para al menos ocho meses de gastos corrientes en una cuenta de ahorro asegurada. Como he explicado en "Plan de acción: el crédito", si en el pasado creías que podías recurrir a tu tarjeta de crédito cuando quisieras, eso no funcionará este año. Las líneas de crédito se están reduciendo y, aunque hasta ahora no te haya tocado, tengo malas noticias para ti. Si te despiden y empiezas a utilizar con más frecuencia tu tarjeta de crédito, deberías saber que la empresa de la tarjeta de crédito pensará en recortarte el límite de crédito en cuanto se de cuenta de que tu saldo impagado no deja de crecer. Por otro lado, tu HELOC, es decir, tu línea de crédito sobre el valor de la vivienda, dejará de ser un fondo de "emergencia" viable. Si todavía tienes una HELOC abierta, puedes considerarte una persona con suerte. Con la caída de los precios de la vivienda que han erosionado el valor líquido en 2007 y 2008, los bancos han comenzado a cerrar las cuentas HELOC. Esto puede continuar en 2009 ya que muchos mercados inmobiliarios siguen teniendo problemas.

En pocas palabras, en 2009 todos deberían tener una cuenta de ahorros convencional y segura que cubra ocho meses de gastos corrientes. Si recurres a las líneas de crédito y a las HELOC, harás correr un grave riesgo a tu familia.

Qué debes hacer en 2009:

- Asegúrate de que tu banco o tu cooperativa de crédito está cubierto por los seguros federales de depósitos.

- Comprueba que lo que tienes depositado cumple con los requisitos para tener la total cobertura asegurada ante la eventualidad poco probable de que tu banco o cooperativa de crédito quiebre. Hasta diciembre de 2009, el límite general ha aumentado a $250.000, desde los $100.000 anteriores, si bien debes conocer los detalles.

- Si tienes tus ahorros en un fondo mutuo de mercado monetario vendido a través de una firma de corretaje o de fondos mutuos, piensa en poner tu dinero en el fondo de mercado monetario del Tesoro de esa empresa.

- Aumenta tus ahorros para cubrir ocho meses de gastos corrientes.

- Pon todo el dinero que necesitas dentro de cinco a diez años en ahorros. El dinero que necesitarás pronto no debería estar en el mercado bursátil.

Tu Plan de acción para 2009

LA SITUACIÓN: No sabes si tu banco o cooperativa de crédito está respaldado por un seguro federal.

LA ACCIÓN: Confirma que tu banco pertenece al programa de la Federal Deposit Insurance Corp. (FDIC) o que tu cooperativa de crédito pertenece al fondo de seguro de la National Credit Union Administration (NCUA). Puedes verificarlo en un extracto reciente o visitar el banco o cooperativa de crédito. Si ves el logo de la FDIC o la NCUA desplegado en cualquier extracto o en la puerta del establecimiento, ya habrás recorrido medio camino. Otra opción es ir a www.myfdicinsurance.gov o www.ncua.gov y utilizar las herramientas disponibles para confirmar si el banco o cooperativa de crédito donde tienes tus ahorros está de verdad respaldado por los seguros federales.

LA SITUACIÓN: No sabes si todo tu dinero depositado en tu banco o cooperativa de crédito está respaldado por un seguro.

LA ACCIÓN: Conocer los nuevos límites de los seguros para 2009. Antes de la crisis financiera, todas las personas tenían garantizados hasta $100.000 por banco. Por lo tanto, si tenías una cuenta bancaria, una cuenta de depósitos o un fondo de mercado monetario, todas las cuentas estaban garantizadas si la suma no superaba los $100.000. Si tenías una cuenta conjunta, tú y la persona con que tenías la cuenta podían tener otros $100.000 de cobertura cada uno (el mismo límite valía para las cooperativas de crédito con el seguro federal).

Para 2009, los límites para los bancos y las cooperativas de crédito han aumentado hasta $250.000 por persona y por banco/cooperativa de crédito. El Tesoro introdujo este cambio en octubre de 2008 para contrarrestar la fuga de cuentas en los bancos por parte de clientes asustados por las incesantes consecuencias de la crisis financiera. Si tienes menos de $250.000 en una cuenta bancaria o de cooperativa de crédito y ese banco o cooperativa de crédito tiene el seguro federal, deja de preocuparte. En 2009 no tendrás problemas.

LA SITUACIÓN: Debido al nuevo límite de $250.000, quieres saber si es sensato invertir $250.000 en un cuenta de depósitos de cinco años con altos intereses que te ofrece tu banco.

LA ACCIÓN: No. Tienes que entender que el seguro de $250.000 es sólo hasta el 31 de diciembre de 2009. Puede que sea renovado pero, hasta ahora, no sabemos si será ampliado o hecho permanente en 2010. Por ahora, tienes que proceder como si el límite fuera $100.000, hasta que se anuncie lo contrario. Por esto, no pongas $250.000 en un solo banco en caso de que se vuelvan a reducir los límites. Eso podría significar que tienes $150.000 no asegurados.

Para estar absolutamente seguro, limita el dinero que depositas en cualquier banco a $100.000 o conserva una cuenta de depósitos que expire el 31 de diciembre de 2009.

LA SITUACIÓN: Ya has contratado una cuenta de depósitos a largo plazo de más de $100.000 y ahora te preocupa lo que ocurrirá si los límites vuelven a disminuir en 2009.

LA ACCIÓN: No hagas nada todavía. No creo que tengas que apresurarte a introducir cambios. Consulta con tu banco —o con mi sitio web— en diciembre para averiguar qué ocurrirá en 2010. Si se reduce el límite a $100.000, puedes optar por cobrar en efectivo tu cuenta de depósitos anticipadamente. La mayoría de los bancos te multarán por un retiro anticipado, pero la multa normalmente se aplica a los intereses, no al capital principal. Por ahora, cruza los dedos y veamos qué ocurre hacia finales de 2009.

ALERTA SITIO WEB. *Te prometo que en el momento en que la FDIC o la NCUA anuncien cualquier cambio en 2009, tendré la información actualizada en mi sitio web.*

LA SITUACIÓN: Tienes más de $250.000 en un banco y te preocupa que tu dinero no esté cubierto 100 por ciento por el seguro FDIC.

LA ACCIÓN: Puedes tener plena cobertura asegurada, pero tienes que verificar que tus cuentas cumplan con las enrevesadas reglas para ampliar tu seguro más allá de los $250.000 básicos. La manera más rápida y mejor de asegurarte de que tus cuentas estén totalmente aseguradas es ir a www.myfdicinsurance.gov e ingresar la información de tu banco en la calculadora de fácil manejo. En unos pocos pasos sencillos, tendrás una verificación directamente de la FDIC si todas tus cuentas están plenamente aseguradas. (Los miembros de cooperativas de crédito deberían usar la calculadora de la NCUA en http:/webapps.ncua.gov/ins/.) Si no tienes fácil acceso a una computadora, te recomiendo visitar tu banco o cooperativa de crédito y pedirles que miren contigo en el Internet para verificar el nivel de cobertura que tienes. No te conformes con que te lo diga un empleado. Te recomiendo comprobar que se introduce la información de tu cuenta en la herramienta EDIE (en un banco) o en la calculadora NCUA (en una cooperativa de crédito).

LA SITUACIÓN: Te preocupa que la FDIC o la NCUA agoten sus reservas de dinero si las cosas realmente se ponen mal y se producen muchas quiebras. Tienes miedo de que el seguro no cumplirá si lo necesitas o cuando lo necesites.

LA ACCIÓN: Puedes tener la tranquilidad de que tu dinero está a salvo siempre y cuando esté cubierto por el seguro federal. Ese seguro está respaldado por la buena fe y el crédito del gobierno de Estados Unidos. Te aconsejo que no te pongas nervioso si oyes o lees historias inquietantes según las cuales a los fondos de seguro se les acabará el dinero en 2009. Desde luego, espero que eso no ocurra, y de ninguna manera insinúo que ocurrirá. Pero vivimos tiempos difíciles y puede que se produzcan más quiebras de bancos o de cooperativas de crédito si nuestra economía y los mercados financieros siguen sufriendo. Sin embargo, lo más importante que debes saber es que la FDIC o la NCUA pueden recurrir directamente al Tesoro para conseguir el dinero que necesitan para cumplir con la promesa declarada de asegurar el dinero. Y el Tesoro reunirá todo el dinero extra que necesite para cubrir pérdidas que superen lo que ya se guarda en los fondos de seguro. De ninguna manera nuestro gobierno dejará que los depositantes con cuentas aseguradas pierdan un solo centavo. Esa promesa es uno de los pilares de nuestro sistema financiero.

LA SITUACIÓN: Te preocupa que si tu banco o cooperativa de crédito quiebra, te congelarán la cuenta y no podrás pagar tus facturas ni sacar dinero.

LA ACCIÓN: Relájate. Normalmente, cuando un banco o cooperativa de crédito es gestionado por los reguladores, ocurre un viernes, y el lunes todo está abierto y funcionando como si nada hubiera ocurrido. A los reguladores les interesa que los depositantes tengan un acceso fácil a su dinero. Eso no es sólo "buenos negocios", también es una manera de los reguladores de impedir que el pánico se apodere de los bancos.

LA SITUACIÓN: Tienes tu dinero en una cooperativa de crédito y te preguntas si no deberías ponerlo en un banco respaldado por la FDIC.

LA ACCIÓN: Si tu cooperativa de crédito pertenece al fondo de seguro de la National Credit Administration (NCUA), tu dinero está seguro. Los límites de cobertura y el respaldo del gobierno son los mismos que los de un banco asegurado por la FDIC. No hay necesidad de mover tu dinero.

LA SITUACIÓN: Tienes dinero depositado en un banco de Internet y te preguntas si es seguro.

LA ACCIÓN: Averigua si el banco pertenece al programa de seguros de la FDIC. Todos los bancos que pertenecen al programa de seguros de la FDIC, ya se trate de bancos en el Internet o de bancos tradicionales, son seguros. Puedes consultar la página de inicio de tu banco en el Internet. Todos los bancos que participan en el programa anunciarán ese dato destacadamente. Sin embargo, creo que conviene comprobarlo con la propia FDIC. Visita el sitio www.myfdicinsurance.gov para verificar si estás protegido y confirma que tu dinero está asegurado hasta el último centavo.

LA SITUACIÓN: Unas acciones de un fondo mutuo que compraste en tu banco sufrieron una drástica caída en 2008. El banco cuenta con el seguro de la FDIC, así que piensas que tu dinero está asegurado.

LA ACCIÓN: Es necesario saber que la FDIC no cubre las inversiones, como las de los fondos de acciones. El seguro federal para los bancos y para las cooperativas de crédito cubre las cuentas de depósitos, no las cuentas de inversiones. Una cuenta de depósito puede ser una cuenta corriente, de ahorro, una cuenta de depósito, o una cuenta de mercado monetario. Sin embargo, a los bancos también se les permite vender inversiones. Los fondos de inversión son inversiones. Las acciones y los fondos cotizados en bolsa (ETFs) que compras a través de un banco son inversiones. Y no tienen seguro. Cero seguro. Cuando abriste la cuenta, es probable que hayas firmado algún tipo de compromiso declarando que entendías esto, pero es muy difícil darse cuenta de esos detalles. Y, desde luego, no existía ninguna garantía de que el simpático gestor de tu cuenta, que estaba tan contento por que hubieras hecho tu inversión, se tomaría el tiempo para explicarte las cosas lenta y detalladamente.

Cuando inviertes en el mercado de acciones, ya sea mediante un fondo que contratas en un banco, una cooperativa de crédito, una firma de corretaje o una empresa de inversiones, no tienes ninguna protección contra las pérdidas por las bajas del mercado.

LA SITUACIÓN: La última vez que lo consulté, mi cuenta de ahorros tenía una tasa de interés del 5 por ciento, pero ahora está por debajo del 2,5 por ciento. ¿Debería cambiarme a un banco con tasas de interés más altas?

LA ACCIÓN: Siempre es una medida inteligente buscar las cuentas de ahorro con mejores tasas de interés, pero debes entender que el año 2008 fue un año de caídas en las tasas bancarias. Los bancos fijan las tasas de ahorro que ofrecen a los clientes según la tasa del Fondo de la Reserva Federal. Y durante más de un año, la Reserva Federal ha recortado agresivamente la tasa de los Fondos Federales. En diciembre de 2007, la tasa era de 4,25 por ciento. En noviembre de 2008, había caído hasta el 1 por ciento y, mientras escribo estás líneas, hay rumores de que podría bajar hasta 0 por ciento. Así que si tú ganas un 1 por ciento, más o menos, en una cuenta de ahorros normal, está bastante bien. Yo estaría completamente a favor de poner tu dinero en las cuentas con mejores tasas, y puedes consultar en sitios web como www.bankrate.com para ver cuáles son los bancos que ofrecen las tasas más altas para los ahorros. Sin embargo, si tienes un rendimiento competitivo donde estás actualmente, y tu banco tiene una garantía de la FDIC, no me plantearía como gran prioridad en 2009 buscar una cuenta que me diera un 0,25 por ciento más de interés. Pero si tienes el tiempo y la energía para buscar, adelante. Sólo recuerda: deposita tu dinero en un banco que cuente con el seguro de la FDIC o una cooperativa de crédito asegurada con fondos federales.

LA SITUACIÓN: Tienes tus ahorros en un fondo de inversión de mercado monetario (MMMF) del que tu agente de corretaje te habló muy bien, pero te preguntas si es tan seguro como una cuenta en un banco asegurado por la FDIC.

LA ACCIÓN: La respuesta más breve es no. Un fondo de inversión del mercado monetario (MMMF) vendido por una firma de corretaje o una empresa de fondo de inversión no está respaldado por el seguro federal. Sólo una cuenta de depósito del mercado monetario (MMDA) vendida a través de un banco asegurado federalmente o una cooperativa de crédito, o un banco subsidiario de una empresa de corretaje o de fondos de inversión, puede ser asegurada.

Ya lo sé, ya lo sé: MMDA. MMMF, ¿por qué tienen que complicar tanto las cosas?

Para asegurarnos de que lo has entendido bien:

MMDA: *Vendida en un banco o cooperativa de crédito, o a través de un banco subsidiario de una empresa de corretaje o de inversión. Se puede acoger al seguro federal de depósitos.*

MMMF: *Vendida a través de una firma de corretaje o de una empresa de fondos de inversión. No puede acogerse al seguro.*

Ahora bien, en tiempos normales una MMMF se considera tan segura como una MMDA. Sin embargo, no tengo qué contarte que los tiempos que vivimos no tienen nada de normales.

No creo que debieras estar tranquilo con el seguro provisional ofrecido por la iniciativa de emergencia del Tesoro en septiembre de 2008. Es importante saber que este plan del Tesoro es temporal y voluntario. No sabemos hasta cuándo el Tesoro seguirá ofreciendo este trato a las MMMF. El Tesoro está autorizado para mantener el plan hasta el 18 de septiembre de 2009, pero debe volver a autorizar el plan cada tres meses entre ahora y esa fecha. Tu firma de corretaje o de fondos de inversión debe optar por formar parte del programa (y pagar una tarifa por participar). Por lo tanto, al menos tienes que comprobar con tu firma de corretaje o de fondos de inversión para saber si ésta participa en este programa de seguros provisional. Sin embargo, he aquí la advertencia más seria: Sólo los depósitos en MMMFs y a partir del día 19 de septiembre de 2008 pueden acogerse al seguro del Tesoro.

En mi opinión, son demasiadas interrogantes. Mi estrategia más sólida y segura para 2009 en MMMF es: conserva tu dinero en la misma firma, pero ponla en la MMMF del Tesoro (todas las grandes firmas de corretaje y de fondos tienen esta opción). Si tu dinero está invertido en el Tesoro de Estados Unidos, no tienes nada que temer. Tu dinero está respaldado por la plena fe y el crédito del gobierno de Estados Unidos. En esa cartera no habrá incumplimiento. Y no tienes por qué preocuparte si el Departamento del Tesoro a la larga retira su actual oferta de seguro para las MMMF. Si no tienes una opción para acogerte a una MMMF del Tesoro en tu actual firma de corretaje o de fondos, yo pensaría en mover el dinero a un depósito bancario asegurado en 2009, o a una firma de corretaje o de fondos que ofrece la opción de la MMMF del Tesoro. (Para estar totalmente seguro, te recomiendo que el dinero que usas para pagar las cuentas, etc., sea trasladado a una cuenta MMDA en un banco o una cooperativa de crédito. Hemos visto que Reserve tuvo que congelar temporalmente algunas cuentas. Tienes que estar seguro de que el dinero al que necesitas acceso rápido esté, de hecho, disponible. En este momento, la única manera de garantizar un acceso rápido es con una cuenta en un banco o en una cooperativa de crédito asegurados.)

LA SITUACIÓN: Entiendes por qué tiene sentido apartar ocho meses de gastos corrientes en una cuenta de ahorro de emergencias, pero te es imposible ahorrar tanto.

LA ACCIÓN: Me doy cuenta de que sufres dificultades económicas. Entiendo perfectamente que muchas personas no puedan pulsar un botón mágico y tener una cuenta bancaria con suficiente dinero para cubrir ocho meses de gastos corrientes. Sin embargo, debes empezar a moverte hacia ese objetivo. Mes a mes, debes construir esa seguridad para ti y tu familia. Puedes llegar al objetivo de ocho meses después de ahorrar con esmero durante seis meses, o puede que tardes unos años. No importa. Lo importante es que te muevas en la dirección correcta. Cada mes que pasa, tendrás más seguridad, no menos. Revisa el "Plan de acción: Los gastos", a propósito de los pasos necesarios para recortar tus gastos y tener más dinero para invertir en objetivos como éste.

Una de las mejores maneras de adoptar un sistema permanente de ahorro es establecer un depósito automático a partir de tu cuenta corriente en una cuenta de ahorros. Los estudios demuestran que una vez que has establecido el depósito automático, tienes la tendencia a mantener la costumbre. Esto es válido para las cuentas de ahorro y las inversiones de tu 401(k). Como suele decirse, lo programas y luego te olvidas de ello.

Ahora bien, ¿cuánto deberías haber depositado cada mes? He aquí el objetivo para 2009. Decide cuánto puedes permitirte ahorrar. Ahora agrega un 20 por ciento a esa cantidad. No hagas trampas. Si pensabas ahorrar $100 al mes, que sean $120. Si pensabas poner $500, ahora serán $600. ¿Será muy difícil? Sí. ¿Será necesario hacer algunos recortes drásticos? Es probable que sí. Sin embargo, en 2009 no puedes permitirte relajarte y optar por lo fácil. Debes exigirte todo lo posible para construir tu seguridad a la brevedad posible.

LA SITUACIÓN: Estás jubilado y necesitas unos ingresos seguros, pero no puedes vivir con el 2,5 por ciento que te da tu cuenta de depósitos en un banco. ¿Qué puedes hacer?

LA ACCIÓN: Guardar parte de tu dinero en el banco, por muy bajo que sea el interés. Porque lo primero es la seguridad. He observado que el mercado actual es particularmente difícil para los jubilados que dependen de los intereses de sus depósitos bancarios para ayudarles a cubrir sus costos mensuales. Los rendimientos de una cuenta de ahorro han disminuido a medida que la Reserva Federal ha bajado agresivamente sus tasas del Fondo Federal de más del 4 por ciento, a finales de 2007, a justo por encima del 1 por ciento a finales de 2008. Durante el mismo periodo, subió el precio de todo. La tasa de inflación oficial giraba en torno al 4 por ciento en 2008, pero en el mundo real, el mundo de las necesidades básicas —alimentos y medicamentos— experimentó un alza de más del doble de esa tasa oficial de inflación. Mis noticias para los ahorradores en 2009 no son demasiado brillantes. A pesar de que las tasas a largo plazo subirán, puede que eso no ocurra en 2009, puesto que a la Reserva Federal le preocupa más mantener las tasas bajas para lidiar con un mercado del crédito estancado y una economía en recesión.

Dicho eso, debes mantener tus ahorros a salvo, sin que importe lo bajo de los intereses. Se producirá un cierto alivio en 2009, puesto que los beneficios del sistema de seguro social aumentaron en un 6,2 por ciento en relación con lo que recibiste en 2008. Es el ajuste inflacionario más importante desde 1982. También te recomendaría comprobar los bonos municipales. En los momentos en que escribo, puedes conseguir intereses de hasta un 5 por ciento en acciones que tienen una madurez de quince años. En este momento es un buen trato y no te exige asumir el riesgo de invertir en cuestiones de plazo más largo. También te recomiendo echar una mirada a mi estrategia de acciones con dividendos en "Plan de acción: Inversiones para la jubilación". Puede que sea una manera inteligente de tener un ingreso mayor por una parte pequeña de tu dinero que te sientes cómodo invirtiendo en el mercado de acciones.

LA SITUACIÓN: Tienes una hipoteca o un préstamo para compra de vehículo con un banco que ha quebrado y te preguntas si tienes que seguir pagándolo.

LA ACCIÓN: Tienes que seguir pagando. La quiebra de un banco no puede ser una excusa para no pagar un préstamo.

Poco después de la quiebra de un banco, deberías recibir una comunicación del banco que se ha encargado de tu cuenta. Y si todo va bien, seguirás pagando igual que antes, sin problemas. Ahora bien, dicho eso, te recomiendo guardar registros de todo lo que pagas. Si tienes un banco en el Internet, imprime cada pago durante al menos seis meses y guárdalo en lugar seguro. Como he dicho, la transición debería llevarse a cabo sin problemas, pero cuando el banco A asume el banco B, a veces los cables se cruzan en alguna oficina durante el traspaso. Por lo tanto, te aconsejo tener registros detallados para demostrar que si hay problemas no se debe a que te hayas retrasado en los pagos. Si no recibes una notificación de que no has pagado, no sólo tienes que tratar con el banco sino que, además, debes mirar tus informes de crédito (ve a www.annualcreditreport.com; tienes derecho a un informe gratis al año de cada una de las tres oficinas de crédito) para asegurarte de que el banco no ha informado por error que el pago de tu préstamo se ha atrasado o está impago. Si eso aparece en tu informe, debes informarle al banco del error. Al mismo tiempo, presenta una queja en la oficina de crédito. Por ley, deben responderte dentro de treinta días. No te fíes de la palabra de nadie que diga que se ocupará de ello. Debes estar pendiente del asunto y no dejar de verificar (y de consultar insistentemente) para asegurarte de que cualquier error será subsanado. Como he señalado en "Plan de acción: El crédito", 2009 no es el momento para dejar que baje tu calificación FICO. Sobre todo cuando el que ha fallado es tu banco.

6

Los gastos

La nueva realidad

La crisis financiera ha actuado como una ensordecedora llamada a despertar que no parará de sonar en tus oídos. En el fondo de ti mismo, sabes que tienes que cambiar tu manera de organizar tu economía. Ya no hay lugar para simplemente ir improvisando y aplazando las decisiones difíciles para mañana. El mañana ya ha llegado y exige un compromiso para adoptar las medidas que te pondrán a ti y a tu familia en la senda duradera de la seguridad económica.

Sabes que tienes que pagar la deuda de tu tarjeta de crédito para mantener tu línea de crédito intacta y una sólida calificación FICO. También sabes que no puedes confiar en que tendrás acceso a un límite muy alto en tu tarjeta de crédito ni en usar una HELOC en 2009 para cubrir gastos de emergencia. Ya sabes (o espero que al menos empieces a darte cuenta) que tienes que tener dinero para poner en una cuenta de ahorro para contar con una protección en caso de emergencia. También has llegado a la conclusión de que no puedes depender de una constante revalorización de tu vivienda como si fuera tu cuenta de jubilación de hecho. Sabes que tienes que contribuir a tus ahorros de jubilación porque es un gran momento para invertir a largo plazo.

Sólo hay un problema. No sabes de dónde sacarás el dinero para todo esto.

La verdad es que la medida más eficaz y generadora de dinero en efectivo que tienes que tomar en 2009 es *gastar menos*. Cuanto menos gastes, más tendrás después de pagar las cuentas mensuales para disminuir la deuda de tu tarjeta de crédito, crear tus ahorros de emergencia y aumentar las inversiones para tu jubilación. No es una noticia de última hora, es, sencillamente, un hecho.

A lo largo de este año, se trata de tener más dinero gastando menos.

Qué debes hacer en 2009

- Separa los deseos de las necesidades.
- Supera la culpa de pensar que no "provees" para tus hijos.

- Elimina la palabra "merecer" de tu vocabulario. Lo que mereces es irrelevante. Lo único que cuenta es lo que de verdad te puedes permitir.

- Intenta negociar mejores términos de un préstamo para la compra de un vehículo cuyos pagos no puedes mantener.

- Ten mucho cuidado cuando se trata de avalar cualquier préstamo, por mucho que estimes a la persona que te pide ayuda.

Tu Plan de acción para los gastos en 2009

LA SITUACIÓN: Sabes que tu familia tiene que ahorrar más, pero no tienes ni idea de dónde comenzar.

LA ACCIÓN: Controla adecuadamente el destino de tu dinero. No puedes avanzar hacia la construcción de una verdadera vida económica si antes no entiendes dónde te encuentras actualmente. Quiero que rellenes lenta y atentamente la hoja de Flujo de caja doméstico. Para esto, tienes que tener los extractos bancarios y los extractos de la tarjeta de crédito de todo un año. La suma que anotes en la columna de la derecha debería ser el coste promedio de los últimos doce meses.

ALERTA DEL SITIO WEB: *Hay una versión ampliada de esta hoja de cálculo que puedes descargar en www.suzeorman.com.*

GASTOS	COSTO MENSUAL
HOGAR	
HIPOTECA/ARRIENDO	
PRÉSTAMO SOBRE EL VALOR DE LA VIVIENDA	
IMPUESTO DE LA PROPIEDAD	
SEGUROS	
MANTENCIÓN	
SUMINISTROS	
Gas y electricidad	
Calefacción	
Agua	
Teléfono celular	
Tv/cable	
Internet	
MANTENCIÓN	
Reparaciones/mejoras	
Jardinero	
Quitanieves	
TOTAL GASTOS MENSUALES DEL HOGAR:	
COMIDA	
Alimentación	
Comidas afuera/para llevar	
Café	
TOTAL COMIDA:	

GASTOS	COSTO MENSUAL
AUTO/TRANSPORTE	
Préstamo vehículo # 1	
Préstamo vehículo # 2	
Gasolina	
Mantención	
Peaje/parking	
Seguro vehículo (total de todos los vehículos)	
Transporte público	
TOTAL GASTOS VEHÍCULO/TRANSPORTE:	
OTROS SEGUROS	
Seguro médico*	
Seguro de vida*	
Seguro de incapacidad laboral*	
Seguro de cuidados médicos a largo plazo*	
Seguro dental*	
TOTAL OTROS COSTOS:	
GASTOS MISCELÁNEOS	
Cuidado de los hijos	
Pagos escuela privada	
Entretenimiento (cine, arriendo de DVD, conciertos, acontecimientos deportivos)	
Peluquería/manicura/pedicura	
Cuotas de clubs privados	

GASTOS	COSTO MENSUAL
Equipos y juegos informáticos	
Ropa	
Regalos	
Vacaciones	
Coseguros médicos y gastos varios	
Mascotas (comida y veterinario)	
Suscripción a medios de comunicación	
(periódicos, revistas, publicaciones Internet)	
Donaciones benéficas	
Otros	
Otros	
Otros	
TOTAL GASTOS MISCELÁNEOS:	
OTROS PRÉSTAMOS/DEUDAS	
Tarjeta de crédito 1	
Tarjeta de crédito 2	
Tarjeta de crédito 3	
Préstamo estudiantil	
Préstamo 401(k)	
Préstamo bancario/personal	
TOTAL OTRAS DEUDAS:	
AHORROS MENSUALES/ PAGO DE IMPUESTOS	
Cuenta de ahorro de emergencia	

GASTOS	COSTO MENSUAL
Contribuciones 401(k) *	
Contribuciones IRA	
Ahorros educación universitaria	
Pago de Impuestos por autoempleo	
TOTAL AHORROS/PAGO DE IMPUESTOS:	
GASTOS TOTALES (A):	

INGRESOS	CANTIDAD MENSUAL
Pago después de impuestos	
Ingresos por arrendamiento	
Dividendo/ingresos por intereses	
Seguridad social	
Ingresos por jubilación (401(k), IRA y pensión)	
TOTAL INGRESOS (B):	
TOTAL INGRESOS—TOTAL GASTOS (B—A):	

LA SITUACIÓN: Tus gastos son mayores que tus ingresos.

LA ACCIÓN: Pon un círculo alrededor de todos los gastos en tu hoja de Flujo de caja doméstico que sean "deseos". Es imperativo separar los gastos.

---

* Si estos gastos salen de tu salario, no tienen que ser registrados en esta hoja, que calcula los gastos en relación con el salario aportado al hogar.

que corresponden a necesidades verdaderas (seguros médicos, cuenta de la luz) de aquellos que no son decisivos para que tu familia funcione (gimnasio, ropa nueva, juegos informáticos, etc.).

Si no tienes un fondo de ahorros de emergencia para ocho meses, si tienes una deuda en la tarjeta de crédito, y si no estás ahorrando para la jubilación, no tienes otra alternativa que reducir e incluso eliminar muchos "deseos" en lo que gasta tu familia.

No se supone que éste sea un ejercicio agradable ni fácil. Recortar el gasto en manicura de cuatro sesiones al mes a tres no te llevará a donde quieres ir. Tu seguridad económica está enterrada en esos gastos. Cuanto más dispuesto estés a recortar en ese tipo de gastos, más dinero tendrás para proteger a tu familia. Los $25 que les das a los chicos cada semana cuando salen a pasar un rato con los amigos son $100 al mes que debes invertir en un seguro de vida que proteja a tu familia si cualquier cosa te ocurriera a ti. Los $300 al mes que no gastas en el segundo (o tercer) auto del que tu familia puede prescindir es parte de tu seguridad en la jubilación. Si pones esa cantidad en una cuenta Roth IRA durante veinte años, tendrás más de $157.000, suponiendo que tu dinero crece a una tasa anualizada de 7 por ciento.

LA SITUACIÓN: Te sientes culpable por recortar gastos en cosas que siempre has proveído a tu familia.

LA ACCIÓN: Decide de una vez si quieres complacer a tu familia o protegerla.

En realidad, es así de simple. Si tienes una deuda de tarjeta de crédito y careces de ahorros de emergencia, tengo que decirte que no cuidas de la seguridad de tu familia. Lo único que te importa es ser el héroe que nunca dice que no, el cajero automático sin fondo que satisface todos los deseos, expectativas y caprichos que tenga su familia.

A eso se le llama ser indulgente. Y destructivo. Analicémoslo juntos. Miras tu hoja de gastos e ingresos, te sientes frustrado y decides sencillamente seguir por la senda del gasto excesivo. Ignoras el hecho de que el saldo de tu tarjeta de crédito sigue aumentando. Ignoras el hecho de no tener unos ahorros de emergencia y que tienes muy poco ahorrado para tu jubilación. También ignoras el hecho de no tener seguro médico porque, sencillamente, es demasiado caro.

Y un día te despiden de tu trabajo. O te enfermas. No puedes pagar la hipoteca y no tienes ahorros para ayudarte en estos tiempos de emergencia. Entonces comienza la espiral descendente. Puede que incluso pierdas tu casa. Todo porque sientes que siempre debes darle a tus hijos todo lo que quieran, y dárselo ahora mismo. ¿En qué sentido satisfaces las necesidades de tus hijos?

Entiendo que al principio puede ser difícil introducir nuevas prioridades y hábitos económicos en tu familia. Siempre cuesta acostumbrarse al proceso del cambio. Sin embargo, el verdadero problema en este caso es que tú crees que si actúas responsablemente con tu dinero castigarás a tus hijos. Crees que al rebajar tus gastos, les estás negando algo. Estoy en completo desacuerdo con esa manera de pensar. Yo lo veo como una protección. Cuando te comprometes a gastar menos, podrás destinar más dinero a lo que tu familia más necesita, es decir, una seguridad económica duradera.

Y, además, debo decirte una cosa: La manera en que tus hijos se toman ese cambio dependerá de cómo se lo vendas. Si te muestras abatido, si perciben tu culpa, se sentirán mal. Tus hijos no se merecen eso.

Los niños tienen una gran capacidad de adaptación, e imitarán la clave de tu comportamiento. De modo que no lo presentes como un tiempo terrible ni sugieras de ninguna manera que se les puede culpar a ellos de tus problemas. De una manera de acorde con su edad, hazles saber que todos estarán bien, pero que tienen que ser extremadamente cuidadosos con los gastos y los ahorros para asegurarse de que la familia podrá superar estos tiempos difíciles.

LA SITUACIÓN: Incluso después de eliminar los "deseos", sigues sin tener suficiente dinero para pagar la deuda de tu tarjeta de crédito y ahorrar.

LA ACCIÓN: Encuentra maneras de pagar menos por lo que necesitas. Necesitas un teléfono, pero, ¿es necesario tener un celular y un teléfono fijo? ¿Tu familia necesita ese plan de lujo para teléfonos celulares que les deja mandar todos los mensajes que quieran o podrías gastar $50 menos al mes con un plan más barato? ¿Has hecho de verdad todo lo posible por reducir tus cuentas de suministros? Hablo de pagar un sistema de aislación que no sea caro, de apagar los electrodomésticos que no se usan, de reemplazar las ampolletas quemadas con otras de bajo consumo. Sé que has escuchado todo esto antes. Pero es como si lo hubieras archivado en una carpeta de "algún día debería". Ese día ha llegado. Apuesto a que puedes disminuir lo que gastas en las necesidades de tu familia un 10 por ciento o 20 por ciento, si realmente te lo propones.

Asegurar los grandes ahorros

El seguro médico, el seguro del auto y el seguro del hogar (incluyendo el seguro de inquilino) son tres de las "necesidades" más importantes de todas las familias. Es indudable que se trata de gastos necesarios. Sin embargo, hay maneras interesantes de reducir tus primas de seguro. No se trata de reducir tu nivel de cobertura sino, más bien, asegurarte de que has aprovechado hasta la última oferta y el último descuento posible.

- Aumenta tus gastos deducibles en todas tus pólizas. Puedes ahorrar un **10** por ciento o más si acuerdas una parte deducible de **$500** o **$1.000** en lugar de sólo **$250**. No hay necesidad de tener una parte deducible muy baja cuando tienes un sólido fondo de emergencia que puede cubrir los gastos varios.

- Contrata el seguro del auto y el seguro del hogar/de inquilino con la misma empresa de seguros. Podrás acogerte a descuentos del **10** por ciento al **20** por ciento en productos "multilínea".

- Asigna a un vehículo la función de vehículo "de bajo kilometraje". Si te mantienes por debajo de **7.500-10.000** millas al año, puedes tener una rebaja de la prima de hasta un **10** por ciento.

- Mantén tu calificación FICO por encima de los **700** puntos. Algunos aseguradores basan las primas que te ofrecen en tu calificación de crédito. Cuanto más alta tu calificación, más probabilidades tendrás de obtener los mejores términos en todos tus seguros.

LA SITUACIÓN: Hace tres años, tú y tu pareja acordaron que serías una madre ama de casa. Sin embargo, el salario basado en las comisiones de tu pareja ha disminuido con los problemas económicos, así que te ves obligada a poner ciertos gastos en tu tarjeta de crédito sabiendo que no serás capaz de pagarlo completamente.

LA ACCIÓN: Basa tus decisiones económicas en lo que tienes actualmente, no en lo que tenías en el pasado. Si tu familia ya no puede permitirse vivir con un solo ingreso, tendrás que considerar la posibilidad de volver a trabajar.

Lo digo sabiendo perfectamente lo difícil que será reflexionar sobre esto. Pero, recuerda, en 2009 habrá que tomar las decisiones correctas para construir un futuro seguro. Y lo correcto no siempre es lo mismo que lo más fácil. Volver al trabajo cuando crees que es mucho más importante ser una madre ama de casa es un paso difícil de dar y tiene una carga emocional. Sin embargo, en estos tiempos difíciles, puede que sea necesario.

Tienes que concentrarte en lo que más conviene a tus hijos. Yo creo sinceramente que la seguridad económica es lo mejor para tus hijos. Y si no puedes ofrecerle esa seguridad económica a tu familia (no teniendo deudas en la tarjeta de crédito, con un fondo de ahorros considerable y contribuyendo a tus ahorros para la jubilación), no estás haciendo lo que más les conviene.

Empieza por pensar si tú (o tu pareja) pueden trabajar media jornada para complementar los otros ingresos. Puede que sea una manera de ganar más sin tener que depender totalmente del cuidado del niño. Sin embargo, si eso no cubre la brecha, tendrás que pensar en buscar un empleo con más horas. Si tiene que ser jornada completa, que así sea. Quizá no será para siempre pero, por ahora,

sí. 2009 será el año en que actúes para brindar seguridad económica a tu familia.

LA SITUACIÓN: No puedes pagar una escuela privada para tus hijos e invertir todo lo posible en tus
cuentas para la jubilación.

LA ACCIÓN: Puede que haya llegado el momento
de repensar si la escuela pública no es la mejor solución para toda tu familia. Ya sé que es un tema
muy importante, y no quiero sugerir que tienes que
tomar una decisión en los próximos quince minu-
tos sobre si puedes continuar mandando a tu hijo
de diez años a un colegio privado. Por otro lado,
creo que es un error suponer que este gasto no se
puede tocar. Si no tienes unos ahorros para la jubilación adecuados, o si no tienes un fondo de emergencia, tienes que pensar seriamente si acaso estás
haciendo lo mejor por tus hijos. Si lo que ocurre es
que piensas que las escuelas públicas locales no te
ofrecen la educación de calidad que quieres para
tus hijos, te recomiendo respirar hondo y pensar en
mudarte a una comunidad con un buen sistema de
escuelas públicas. Como he dicho, no se trata de
una decisión rápida ni fácil. Y, para ser francos, es
probable que 2009 no sea el mejor momento para
vender tu vivienda. Sin embargo, te invito a por lo
menos empezar a pensar seriamente en la posibilidad. ¿Serán más altos los precios de la vivienda en

una ciudad con buenas escuelas públicas? Es probable que sí. Pero dudo que te cueste los $30.000 o más que puede costarte mandar a tus dos hijos a una escuela privada.

LA SITUACIÓN: Has perdido tu empleo y ya no puedes seguir pagando las cuotas del segundo auto de tu familia, pero debes más del préstamo de lo que vale como parte de pago.

LA ACCIÓN: Llama a tu prestamista y averigua si se pueden modificar las condiciones del préstamo. Idealmente, no te aconsejo alargar el plazo del préstamo (eso aumentará el costo total a lo largo de la vida del préstamo), pero intenta que se disminuya la tasa de interés. Eso bajará tus costes. O quizá el prestamista acceda a darte un periodo pasajero de pagos más reducidos.

Hay una buena probabilidad de que los prestamistas accedan a jugar a "Hagamos un nuevo trato". La crisis financiera y crediticia ha sido devastadora para las empresas que financian préstamos para vehículos. Tienen sus instalaciones llenas de autos embargados; en realidad, están desbordadas. Al mismo tiempo, la reducción del crédito ha hecho mucho más difícil para los compradores potenciales conseguir un préstamo para la compra de un vehículo nuevo. Eso ha provocado una caída radical de las ventas, lo cual ha venido a abarrotar el mismo lote, ya lleno de coches embargados, con coches nuevos que no se han vendido. Es la peor pesadilla de un vendedor de auto, pero aumenta la posibilidad de que el prestamista querrá llegar a un acuerdo para que tu auto no vaya a parar a su lote. Conseguir un pago menor de tu parte es mejor que no le paguen nada, sobre todo si significa un auto menos en sus instalaciones.

LA SITUACIÓN: Quieres que tu auto sea embargado por la empresa prestamista porque estás harto de intentar mantenerte al día con los pagos.

LA ACCIÓN: Si sabes que no te puedes permitir el auto, devuélvelo al prestamista en lugar de esperar un embargo. Al tomar la iniciativa de ponerte en contacto con el prestamista y devolver el vehículo, evitarás pagar los gastos del embargo. Y, más importante, evitarás el trauma de ver cómo se llevan tu auto desde tu trabajo o tu casa. Cambias la dinámica al convertir un acto embarazoso en un acto de responsabilidad.

LA SITUACIÓN: Has devuelto el vehículo —o ha sido embargado— pero te han dicho que seguías teniendo propiedad sobre el dinero prestado.

LA ACCIÓN: Tienes la obligación de pagar la diferencia entre lo que todavía debías y lo que el prestamista puede recuperar al revender el vehículo. Si no puedes cubrir ese pago, no has cumplido con tu obligación financiera. Puede que hayas devuelto el vehículo o que éste haya sido embargado, pero en cualquiera de los dos casos el saldo figurará en tu calificación de crédito durante siete años.

LA SITUACIÓN: Quieres tomar prestado de tu 401(k) para mantenerte al día en los pagos del vehículo.

LA ACCIÓN: No toques tus cuentas para la jubilación. Si quieres conservar el vehículo o quieres evitar que en tu informe crediticio figure un embargo, debes encontrar otras fuentes de ingreso para realizar el pago. Vuelve y revisa la hoja de cálculo con el Flujo de caja doméstico al comienzo de este capítulo. Si necesitas más dinero, encuéntralo gastando menos. La peor decisión que puedes tomar, de lejos, es sacar dinero de tu 401(k). Como he explicado en detalle en "Plan de acción: La inversión para la jubilación", nunca es sabio tocar tus ahorros para la jubilación. Y en 2009 es abiertamente un peligro, dado el aumento de las probabilidades de despidos. Si pierdes tu empleo, tendrás que devolver el dinero a tu 401(k) en unos pocos meses. ¿De dónde sacarás el dinero?

LA SITUACIÓN: Tu hijo mayor ingresará a la universidad en 2010, y a ti te parece que es la última oportunidad para tomar unas largas vacaciones en familia, aunque eso signifique añadir unos $4.000 a tu tarjeta de crédito que no podrás pagar de inmediato.

LA ACCIÓN: No seré yo quien te diga que el tiempo con la familia no es una alta prioridad. Como quizá me hayas escuchado decir: "La gente es lo primero. Luego, el dinero. Después, las cosas". Sin embargo, eso no significa que te daría carta blanca para que gastes lo que quieras para crear esos recuerdos. No se trata de recuerdos que no tienen precio. Si tienes que aumentar la deuda en tu tarjeta de crédito para financiar esos recuerdos, tienen un costo muy alto: como promedio, un 15 por ciento de tasa de interés.

No se trata de discutir sobre lo que tú y tu familia se merecen. Todos merecemos vacaciones. Sin embargo, tienes que mirar de frente lo que está ocurriendo con la economía actualmente. No soy una pesimista y, con el tiempo, creo que saldremos de este desastre financiero. Sin embargo, entretanto, tú y tu familia tienen que estar seguros. Un saldo de la tarjeta de crédito no pagado no es una seguridad. No tener un fondo de ahorros de emergencia no es una seguridad. Lo mismo sucede si no tienes ahorros para la jubilación. Si no te has ocupado de estas prioridades, no puedes permitirte el lujo de unas vacaciones caras. Y punto. Eso no significa que no puedas pasar un tiempo con tu familia y crear recuerdos perdurables. Tómate las vacaciones, pero este año que sea en casa, o más cerca de casa.

LA SITUACIÓN: Tu hija va a casarse. Todos han soñado con una gran boda, pero tus inversiones sufrieron un severo revés el año pasado y la única manera de pagar la boda es cargando los gastos a tu tarjeta de crédito. Se trata de un acontecimiento de una sola vez en la vida, y no es propio de ti decir que no.

LA ACCIÓN: Puedes y debes decir que no. Es absolutamente inaceptable asumir cualquier tipo de deuda para pagar una boda. No hay excepciones. Me da igual lo que hayan soñado.

¿Crees, *sinceramente*, en el fondo, que lo que gastes es un reflejo de tu amor por tu hija? ¿De verdad crees que es preferible endeudarse por $20.000 en tu tarjeta de crédito para impresionar a tus amigos en lugar de usar esos $20.000 para los ahorros de tu jubilación? Vuelve atrás un momento y sitúa esta decisión en la balanza "Deseos vs. Necesidades". Lo que tú y tu hija *desean* es una boda grande y cara. En realidad, lo único que *necesitan* es una boda que se pueda pagar y esté llena de sentimientos de afecto y amor.

LA SITUACIÓN: Te fascina hacer regalos. Es importante para ti y es algo que tus amigos y tu familia se han acostumbrado a esperar de ti. Ni te imaginas renunciar a tu hábito de hacer regalos sólo para ahorrar más para ti.

LA ACCIÓN: Por muy maravillosa que sea tu costumbre de hacer regalos, tú y yo sabemos que tus amigos y tu familia no te quieren por tus regalos. Si todavía te queda por crear un fondo de ahorros de emergencia que cubra ocho meses de gastos corrientes, debes poner freno a los regalos para que puedas darte a ti misma algo mucho más importante, a saber, la seguridad.

Además, jamás deberías comprar regalos por los que no puedas pagar inmediatamente. Como he explicado en "Plan de acción: El crédito", un saldo impago de tarjeta de crédito en 2009 te hace correr el grave riesgo de caer en un círculo vicioso muy caro del que te costará salir. ¿Te preocupa lo que piensen tus amigos y tu familia si este año no reciben su regalo de Navidad? ¿Crees que si alguien realmente te estima se sentiría bien si reciben un regalo cuya etiqueta de precio dice, tácitamente: *Este regalo costó $50 que no tenía y que significa que este mes no podré pagar mi factura de la tarjeta de crédito?*

LA SITUACIÓN: Haces todo lo posible por llegar a fin de mes, pero no quieres dejar de contribuir a la obra de beneficencia que has apoyado en el pasado.

LA ACCIÓN: ¿Podrías donar tiempo en lugar de dinero este año? Sé lo importante que es ayudar a quienes lo necesitan. Pero tú también tienes necesidades importantes este año. Y no es egoísmo conseguir que tu seguridad económica sea una prioridad. Si tienes que reducir o suprimir tus contribuciones este año para reflotar tu economía, es la decisión correcta y honesta que debes tomar.

Sé que es una decisión difícil, sobre todo porque las obras de beneficencia también empiezan a sentir las dificultades actuales y han aumentado sus solicitudes de donaciones. Sin embargo, debes dar sólo lo que te puedas permitir. Si eso significa que no habrá contribuciones financieras en 2009, no hay problema. Te aliento a dar de tu tiempo, o más tiempo del que ya das, a las causas que apoyas. Es una contribución valiosa. Y, para ser sincera, creo que también puede tener otro beneficio no buscado para ti: en estos tiempos que dan miedo, puede ser una fuente de calma centrarse en lo que puedes hacer para que el mundo sea un mejor lugar donde vivir.

Dicho eso, también sé lo engorroso que puede ser disminuir las ayudas a quienes sufren necesidad. Vuelve a mirar la hoja del Flujo de caja doméstico para ver si hay gastos que puedas recortar para liberar dinero que destines a las causas más importantes para ti. Plantéate un desafío: "Quiero recortar $X en ahorros para continuar con mis contribuciones benéficas en 2009". A menudo, con un objetivo en mente es más fácil centrarse en los "deseos" de los que puedes prescindir. Aunque sólo sea durante 2009.

LA SITUACIÓN: Tu hijo se gradúa de la universidad en unos meses y necesita un vehículo para ir al trabajo. Te ha pedido que firmes como aval para un préstamo.

LA ACCIÓN: Si tú mismo no puedes pagar el préstamo, nunca deberías firmar como aval. Tienes que entender que firmar como aval te hace legalmente responsable del préstamo. En el caso de que tu hijo no pueda pagar, se supone que tú debes hacerte cargo del pago. Si no lo haces, perjudicarás tu calificación FICO, no sólo la de tu hijo.

Permíteme explicarte qué significa ser capaz de firmar como aval. Para empezar, no debes tener deudas en tu tarjeta de crédito. Digamos que no tienes problemas para pagar tu hipoteca y tu auto. Aunque te puedas permitir hacerte cargo del pago, te recomiendo que pienses seriamente en lo que haces. Si tu hijo no puede conseguir su propio préstamo, tienes que preguntarte por qué. ¿Ha comprado un auto caro cuando su presupuesto sólo da para un auto de precio moderado? ¿Se centra sólo en los autos nuevos, debido a su efecto espectacular, en lugar de confiar en un auto seguro y fiable más viejo que esté más a su alcance? ¿Hay algo acerca de su calificación FICO que el prestamista sabe y que tú ignoras, como, por ejemplo, que tu hijo ya está hasta el cuello de deudas en su tarjeta de crédito? Ayudar a un joven que está empezando está bien, pero ayudar a un joven que ya ha abusado del crédito y no tiene una noción de cómo ser económicamente responsable no es aceptable.

Si decides seguir adelante y firmar como aval, te recomiendo que te encargues de realizar los pagos. He visto a demasiados padres firmar como avales y suponer que sus hijos realizan los pagos, sólo para recibir posteriormente una carta del prestamista diciendo que el prestatario ha incurrido en falta y que la calificación FICO de todos se ha resentido. Ya sé que quieres que tu hijo se convierta en una persona adulta independiente, pero si él o ella necesitan ayuda con un préstamo, tienes todo el derecho a supervisar el pago.

LA SITUACIÓN: Necesitas un auto nuevo, pero no quieres ir más allá de tus posibilidades y acabar como tu vecina, a quien le embargaron el auto el año pasado.

LA ACCIÓN: Averigua cuánto puedes permitirte con un préstamo máximo de tres años. Eso es lo que te puedes permitir. No tiene sentido económico estirar para tener un auto más caro si tienes que extender un préstamo a cuatro o cinco años. Es una pérdida colosal de dinero. Lo que tienes que entender es que un auto es una inversión malísima. Está garantizado para perder dinero. El valor del auto como parte de pago nunca cubrirá el precio de compra ni los intereses de un préstamo. Por lo tanto, necesitas que su coste sea lo más bajo posible y limitarte a un préstamo de tres años. En www.bankrate.com, puedes ver lo que son las tasas normales en tu región y utilizar la calculadora para calcular tus costes mensuales.

Quiero dejar claro que hablo de un préstamo habitual. Nada de *leasing*. Ni ahora ni nunca. Con un préstamo para comprar un auto, eventualmente serás dueño del auto y podrás conducirlo entre cinco y siete años sin tener que preocuparte de los pagos mensuales. Si te decides por el *leasing*, caerás a menudo en una trampa que consiste en pasar a un nuevo contrato de *leasing* cada tres años. De modo que siempre estarás pagando. Si ya hemos hablado de la mala inversión que es un auto, ¿por qué habrías de elegir un ciclo de pagos de nunca acabar?

Antes de que te decidas a comprar, asegúrate de que tu calificación FICO sea al menos de 720 puntos. En realidad, se pueden hacer grandes negocios, si pensamos en todos esos autos embargados y no vendidos en los concesionarios, pero tienes que tener una alta calificación de crédito para conseguir un préstamo con una tasa razonable. En una economía ralentizada, donde los prestamistas tienen miedo de prestar, ofrecerán negocios razonables sólo a prestatarios con un crédito brillante. En noviembre de 2008, una calificación FICO de 720 o más te permitiría tener un préstamo para autos a una tasa del 6,7 por ciento. Si tu calificación FICO fuera de 620-660, la tasa subiría hasta el 12 por ciento.

También te recomiendo echar una mirada a autos de segunda mano con garantía. Se trata de autos ya usados que se venden con una garantía limitada. Asegúrate de que la garantía es del productor, no del concesionario. Dado el enorme inventario de autos embargados, puede que encuentres un negocio especialmente bueno en un auto de segunda mano. Desde luego, también puedes hacer un excelente negocio con un auto nuevo si tienes una calificación FICO sólida. Pero recuerda que se trata de gastar lo menos posible por un auto que sea seguro y que satisfaga tus necesidades de transporte.

UN RESQUICIO DE ESPERANZA: *Para los años fiscales 2008 y 2009, ha vuelto a entrar en vigor la deducción federal del impuesto sobre las ventas. Como parte del enorme paquete de rescate de $700.000 millones, el Congreso ha reinstaurado una facilidad fiscal que te da la opción de deducir tu impuesto sobre la* renta estatal o los impuestos sobre las ventas que has pagado durante el año. Para los residentes de estados con bajas tasas de impuesto sobre la renta (o que no tienen dichos impuestos) que hicieron grandes compras con factura, pueden ahorrar dinero en su declaración de la renta federal si lo detallan y si piden la deducción del impuesto sobre las ventas.

UN COMPROMISO PARA 2009

A lo largo de este libro te he pedido cambiar tu manera de actuar en diversos sentidos, que pienses antes de actuar, que actúes de una manera que quizá vaya contra tu intuición. Soy una firme creyente de que la acción suele ser el único antídoto para superar el miedo o las dudas, para salvarse de la confusión y para cambiar hábitos que se han convertido en patrones de conducta enraizados en nuestra vida.

Con ese objetivo, te pido que aceptes el siguiente desafío.

Al cabo de un mes después de leer este libro, quiero que:

- Dejes de gastar dinero durante un día.
- No utilices tu tarjeta de crédito durante un mes.
- No salgas a cenar a restaurantes durante un mes.

Creo que te sorprenderán los cambios que este compromiso activa en ti. En mi propia vida he descubierto que los actos pequeños y conscientes pueden cambiar nuestra perspectiva del mundo. Una vez que hayas cumplido estas tres demandas, te pido que te prometas a ti mismo que harás una prioridad absoluta de eliminar las deudas de tu tarjeta de crédito a la brevedad posible. Lo que un día pareció abrumador e imposible, de pronto se puede convertir en lo correcto, en una decisión muy necesaria, en 2009.

7

La propiedad inmobiliaria

La nueva realidad

Las consecuencias de la crisis hipotecaria han afectado a todos los hogares de Estados Unidos. Ya no se trata de un problema limitado al mercado de alto riesgo de prestatarios inconscientes y prestamistas irresponsables que los alentaron. Nadie ha quedado a salvo.

Aunque tengas una hipoteca que puedas pagar y una casa que quieras, la verdad es que es probable que tu casa valga menos de lo que valía hace cinco años, y eso es un problema importante en tus planes financieros. Te habías convencido a ti mismo de que tu casa seguiría valorizándose a una tasa anual de dos dígitos para siempre, sin problemas a la vista. Te basaste en esos altos valores para definir tus planes financieros en el futuro y eso te hizo sentirte más rico de lo que en realidad eras. Sin embargo, tu sentido de la seguridad inducido por la burbuja te llevó a gastar más y ahorrar menos porque estabas tan seguro de que tu enorme valor líquido inmobiliario pagaría la jubilación o la matrícula universitaria de los hijos o la construcción de una nueva habitación.

Sin embargo, las cosas no están resultando como lo esperabas. Los valores inmobiliarios han caído a su nivel de 2004 y, mientras escribo estas líneas, en noviembre de 2008, siguen cayendo. De pronto, te das cuenta de que tu vivienda no podrá financiar todos esos gastos que pensabas. Eso no sólo influye en tu perspectiva a largo plazo, también podría poner en peligro tu seguridad a corto plazo. La nueva tendencia que recorre el país es que los bancos rescinden las líneas de crédito sobre el valor de la vivienda (HELOC) que habían extendido porque el valor a la baja de la vivienda hace que esas líneas de crédito sean demasiado riesgosas. Cualquier familia que ha dependido de una HELOC como fondo de dinero de emergencia podría tener problemas en 2009. Es posible que tu banco te quite tu red de seguridad.

Reconozcámoslo, 2009 está asomando como el peor año en décadas para vender una casa, aunque tengas un valor líquido. Hay una acumulación de diez meses de casas no vendidas en el mercado. Es más del doble del nivel que había cinco años atrás.

Se ha producido un reguero de ejecuciones de hipotecas por parte de los bancos, o de viviendas que se venden al descubierto (cuando tu casa se vende por una suma menor que el saldo restante de tu hipoteca, y el banco perdona la diferencia), lo cual es un factor importante en la abundancia del mercado. Pero también lo es el mercado de créditos, que está congelado. Los bancos no quieren prestar dinero en estos momentos. Los únicos prestatarios que considerarán tienen que tener las calificaciones más altas en más de una década. Eso reduce el conjunto de posibles compradores de tu casa, incluyendo compradores que deben dar media vuelta y vender su casa en el mismo mercado congelado.

Los inquilinos tampoco son inmunes. Decenas de miles de inquilinos han sido expulsados de sus hogares desde 2007, ya que sus propietarios dejaron de pagar su hipoteca y el banco ejecutó la propiedad. Eran inquilinos que pagaban puntualmente cada mes y que no tenían idea de que su casa peligraba hasta que encontraron una nota en la puerta de entrada comunicándoles que tenían treinta días para dejar el lugar.

No habrá cambios milagrosos en 2009. Lo mejor que podemos esperar es que haya menos viviendas que acaben ejecutadas. Siento ciertos reparos en rescatar a aquellos propietarios de viviendas y a los prestamistas que no tenían derecho a cerrar los tratos que cerraron. Desde luego, no apoyo el rescate de personas que compraron una casa que ninguna evaluación racional habría aconsejado comprar, pero creo que debemos ayudar a quienes, gracias a una ayuda moderada hoy, pueden conservar sus viviendas. Mantener a esos propietarios en sus casas es la mejor manera de estabilizar el mercado inmobiliario. Y, digámoslo con claridad: No habrá una estabilización generalizada en nuestros mercados financieros hasta que se estabilice el mercado de la vivienda. El epicentro de la crisis son las ejecuciones por impago de hipotecas.

Al día de hoy, algunos grandes prestamistas finalmente han redoblado sus esfuerzos para modificar las condiciones de los préstamos para algunos propietarios. Y creo que veremos más y mayores esfuerzos por parte de los prestamistas y del gobierno federal para disminuir el ritmo de las ejecuciones hipotecarias en 2009. Aún así, todos deberíamos saber que este año seguirá siendo un año muy difícil para el sector inmobiliario.

ALERTA DE SITIO WEB: *Este libro entró en prensa en noviembre de 2008. A lo largo del año, pondré toda la información pertinente en mi sitio web siempre que haya nuevos programas de ayuda que pueda compartir contigo. Consulta en www.suzeorman.com.*

Qué debes hacer en 2009

- Solicita una "renegociación de la hipoteca" si tu préstamo actual es demasiado caro.

- No utilices tarjetas de crédito ni fondos para la jubilación para pagar por una casa demasiado cara.
- Mantente informado sobre nuevos programas de las empresas prestamistas y del gobierno en los meses que vienen para que más propietarios no sufran ejecuciones hipotecarias.
- Crea un verdadero fondo de ahorros. Una HELOC no debería ser tu red de seguridad en 2009.
- Concéntrate en el valor de tu casa a largo plazo, no en el precio que varía de mes a mes.

Tu Plan de acción inmobiliario para 2009

LA SITUACIÓN: No te puedes permitir el coste de tu hipoteca con una tasa de interés ajustable (ARM —Adjustable Rate Mortgage), pero no sabes cuáles son tus opciones.

LA ACCIÓN: Empieza por ponerte en contacto con tu prestamista y averigua si hay alguna manera de renegociar (modificar) tu hipoteca para que tus pagos sean más pequeños. Te recomiendo hacer esto en cuanto veas que tienes problemas (más de la mitad de los propietanos de hipotecas que son ejecutadas nunca contactar con su prestamista antes de la ejecución, según la National Foundation for Consumer Credit Counselling). Esto no fue nada fácil en 2008, pero a medida que la crisis se hizo más severa, algunos prestamistas se mostraron más dispuestos a renegociar la deuda en el caso de prestatarios que, según sus cálculos, podían pagar su hipoteca con una ayuda moderada. Cuando llames, pide hablar enseguida con un especialista en renegociación de préstamos. Tienes que ir preparado para documentar tus dificultades económicas, así cómo tu capacidad de pagar el préstamo en caso de ser renegociado. Puedes tener consejos sobre como hablar con tu prestamista en www.hud.gov. Pulsa en "Guía para evitar la ejecución". Mejor aún, la NFCC cuenta con asesores aprobados por el HUD (Housing and Urban Development) que te pueden aconsejar y se desempeñarán como tus abogados ante tu prestamista para encontrar la mejor solución de tu situación. Llama al 866-557-2227 y te conectarán automáticamente con la agencia más cercana. O visita el Homeowner Crisis Resource Center en www.housinghelpnow.org.

LA SITUACIÓN: Has contactado con tu prestamista hace cinco meses y te han dicho que no había manera de que el prestamista modificara tu préstamo para hacerlo más llevadero.

LA ACCIÓN: Vuelve a intentarlo. Los prestamistas que se han negado durante mucho tiempo empiezan a ablandarse y a acordar la renegociación de los préstamos. Sinceramente hablando, ésta podría ser tu mejor oportunidad, más que los programas del gobierno en sus formas actuales. En octubre de 2008, el Bank of America anunció un acuerdo con un grupo de fiscales generales del Estado para renegociar hasta 400 mil hipotecas de riesgo y alcanzar términos más razonables, con el fin de frenar las ejecuciones. Y, a mediados de noviembre, Citigroup anunció que suspendería las ejecuciones por préstamos que tenía en su cartera y que intentaría renegociar las condiciones para 500 mil de sus afligidos prestatarios.

ALERTA DE SITIO WEB: *Preveo que veremos más programas de los prestamistas y del gobierno en 2009 para frenar el ritmo de las ejecuciones. Visita www.suzeorman.com para más información actualizada.*

LA SITUACIÓN: Los bancos y Wall Street están recibiendo ayuda, pero ¿cuáles son los programas para ayudar a los propietarios de una vivienda?

LA ACCIÓN: En primer lugar, ponte en contacto con tu prestamista. Son los más indicados para responderte a qué tipo de ayudas te puedes acoger. El ritmo al que los prestamistas ofrecen sus propios programas también está aumentando (a pesar de que los bancos fueron lamentablemente lentos para ofrecer dichas ayudas durante la mayor parte de 2008).

Se supone que puedes conseguir ayuda del gobierno viendo si puedes acogerte a la renegociación de la hipoteca llamando a la alianza Hope Now coordinada por el Departamento de Vivienda y Desarrollo Urbano (HUD). Llama al 888-995-HOPE, o consigue más información en www.hopenow.com. Tienes que armarte de paciencia. Aunque te comunicarás fácilmente con un operador, puede que te digan que no hay asesores disponibles y que tienes que llamar más tarde. Y no esperes milagros; se trata sólo de dimensionar tu situación. Además, si el asesor de Hope Now no puede saber quién es, realmente, el dueño de tu hipoteca (un problema demasiado común, si pensamos en los millones de hipotecas que fueron vendidas en paquetes con otras hipotecas como valores cotizados en bolsa) no pasarás de la primera base.

Dado que los prestamistas han demostrado ser muy poco diligentes en su iniciativa de dar la cara para ayudar a las personas a conservar sus viviendas, quiero que sepas cuáles son los programas federales disponibles. Sin embargo, te advierto que estos programas —limitados y tardíos— pueden cambiar de alcance y en sus detalles una vez que asuma el poder la nueva administración. Además de esta incertidumbre, existe el problema de los usuarios cuyos préstamos, muchos de ellos de riesgo, han sido vendidos en paquetes a inversionistas extranjeros en todo el mundo. Todavía no hay un acuerdo que nos permita saber si las hipotecas vendidas en estos paquetes se pueden renegociar. Con una situación tan fluida y de evolución tan rápida, te recomiendo visitar periódicamente mi sitio web para ver las actualizaciones de los cambios: www.suzeorman.com.

Éstos son los programas vigentes a mediados de noviembre de 2008:

El programa FHASecure, lanzado en agosto de 2007, se limitaba a ayudar a los propietarios de viviendas con buen crédito (es decir, no de riesgo) a refinanciar la deuda en una hipoteca de tasa fija si no podían mantenerse al día con su ARM reajustada. El único problema era que no podías estar atrasado en tus pagos de la hipoteca, con lo cual se dejaba fuera precisamente a quienes lo necesitaban.

En julio de 2008, el Congreso aprobó el Housing and Economic Recovery Act (Ley de vivienda y recuperación económica) que convertía a FHA-Secure en una opción viable para los prestatarios de riesgo también. Puedes postular a una refinanciación de la hipoteca siempre y cuando hayas hecho nueve de los últimos doce pagos a tiempo. El objetivo del programa es ayudar a los propietarios que casi pueden cubrir el costo de una hipoteca a interés fijo. No está destinado a rescatar a propietarios que suscribieron un ARM con opción de pago que tuvieron una tasa inicial que era un 50 por ciento inferior de lo que habría sido el costo (regular) total de amortización sin la descabellada tasa de incentivo. A lo más, se calcula que el plan ofrecerá un alivio de renegociación a 400 mil propietarios. Eso parece una ayuda importante, hasta que Moody's Economy.com avisó que se podrían perder 3,5 millones de viviendas por ejecución y ventas al descubierto en 2009 y 2010.

El paquete de rescate de $700.000 millones lanzado en octubre de 2008, enmendó el programa federal Hope for Homeowners (Esperanza para los propietarios) que se aprobó en julio y entró en vigor en octubre. En el marco de este programa, los que compraron una vivienda antes de 2008 y tienen una hipoteca mensual superior al 31 por ciento de sus ingresos brutos pueden postular a una refinanciación de una hipoteca a treinta años y de tasa fija, basándose en el 90 por ciento, o más, del valor actual de la vivienda, con lo cual se reducen los pagos mensuales de la hipoteca. Como contrapartida de la reescritura de la hipoteca, el FHA acuerda asegurar la hipoteca. El programa debería terminar el 30 de septiembre de 2011. Hay tres grandes advertencias que formular: los prestamistas no están obligados a participar en Hope for Homeowners, y no queda claro que muchos participen, dado que el programa les exige reducir el valor de las hipotecas renegociadas, lo cual significa que tienen que estar dispuestos a encajar una pérdida importante. Además, los prestatarios se enfrentarán a sustanciosos gastos y cargas. Y sólo pueden acogerse las hipotecas por debajo de $550.440. En noviembre de 2008, la FHA había proyectado que 13.300 clientes recibirían ayuda el primer año. Visita www.hud.gov y escribe "Hope for Homeowners" en la celdilla de búsqueda.

Otra iniciativa programada para comenzar el 15 de diciembre de 2008 es el "Streamlined Modification Program" ("Programa simplífícado de renegociación"), destinado a hipotecas que son propiedad de o están garantizadas por Fannie Mae y Freddie Mac. Los propietarios de vivienda que han dejado de pagar al menos tres cuotas, que no se han declarado en quiebra y que pueden demostrar alguna dificultad o cambio de sus circunstancias económicas, podrían acogerse a una solución racionalizada y reducir los pagos mensuales de la hipoteca al 38 por ciento de sus ingresos mensuales. Para llegar a ese nivel, el prestatario puede recurrir a una o más de estas opciones: ampliar la duración del préstamo a 40 años; bajar provisional o permanentemente la tasa de interés; o excluir parte del saldo del préstamo al calcular el pago mensual, una opción denominada *principal forbearance* (indulgencia principal). Significa que la cantidad que debes no cambiará, pero será pagada cuando vendas o refinancies la vivienda. Los servicios que participan mandarán cartas por correo a los prestatarios elegibles. También puedes llamar al servicio que te corresponde para ver si puedes acogerte al plan.

ALERTA DE SITIO WEB: *Te recomiendo consultar www.suzeorman.com para tener la información más actualizada sobre los programas del gobierno para ayudar a los propietarios con hipotecas que no pueden pagar. Cuando este libro entraba en prensa, la FDIC presionaba para acordar un programa más amplio de renegociación de las hipotecas, pero todavía no contaba con el apoyo del Departamento del Tesoro.*

LA SITUACIÓN: Tu hipoteca se ha vuelto demasiado cara, pero no quieres perder tu casa y causarle problemas a tu familia.

LA ACCIÓN: Si no puedes negociar un pago menor de tu cuota con tu prestamista y ninguno de los programas reseñados más arriba puede ayudarte, lamento decirte que debes intentar vender tu casa más temprano que tarde. Sé que es una decisión dolorosa, pero también es una decisión que cae por su propio peso. No te puedes quedar en una casa que no puedes pagar. Recuerda que las acciones correctas en 2009 son las acciones honestas.

LA SITUACIÓN: Piensas que si puedes conservar la casa un año más el mercado se recuperará y tú podrás refinanciar tu hipoteca.

LA ACCIÓN: No fundes tus decisiones de hoy en la ilusión mágica de que, de alguna manera, todo se arreglará si consigues esperar hasta la próxima recuperación.

Tengo que decirte que ésta recuperación no se producirá. Por lo menos no vendrá en 2009. Si vives en una zona que ha sido muy castigada, creo que es bastante más probable que veas que en 2009 los precios de las viviendas caerán más entre un 10 por ciento y un 15 por ciento, en lugar de aumentar en esa proporción.

Mi mejor panorama para el valor de las viviendas en 2009, y probablemente hacia 2010, es que los esfuerzos para lidiar con la crisis financiera y con la ola de ejecuciones comienzan a dar resultados y que eso conduce a una estabilización progresiva de los valores inmobiliarios. Si lo piensas gráficamente, imagina la letra L mayúscula. El valor de tu vivienda hace dos años estaba en lo alto de la L. Desde entonces, ha caído en picado. En 2009–2010, deberías sentir alivio si ves que la caída ha parado y que nos movemos hacia la derecha, es decir, que los precios dejan de bajar. Me gustaría decirte que los precios se parecerán más a la letra V. Después de la gran caída, volverían a rebotar a los niveles de antes. Sin embargo, yo también debo comprometerme con la honestidad. Y, francamente, no hay ninguna posibilidad de que veamos eso. De hecho, en los mercados más afectados, podrían pasar años antes de que veamos una recuperación que devuelva los precios a sus niveles de 2006.

Si tu única manera de aguantar depende de una recuperación drástica y rápida, tu iniciativa más honesta en 2009 sería vender tu casa.

LA SITUACIÓN: Cuando compraste tu casa hace tres años, los prestamistas te convencieron para suscribir una ARM y te dijeron que podrías refinanciarla antes del primer ajuste de tasas. Pero ahora te han dicho que no puedes refinanciar porque no posees suficiente valor líquido de la vivienda.

LA ACCIÓN: Asegúrate de comprobar con el prestamista si puedes postular a una renegociación del préstamo. Como he señalado más arriba, los prestamistas están desplegando mayores esfuerzos para ayudar a prestatarios "cualificados" a conservar su casa en lugar de ejecutar la hipoteca. Sin embargo, si te rechazan una renegociación del préstamo y no eres capaz de pagar la hipoteca cuando se reajuste tu tasa de interés, lamento decir que es preferible intentar vender tu casa más temprano que tarde.

LA SITUACIÓN: Para arreglártelas y cumplir con los pagos de la hipoteca, has echado mano de tu tarjeta de crédito para cubrir más gastos. El saldo de tu tarjeta de crédito se ha ido por las nubes.

LA ACCIÓN: Una vez más, presiona para ver si tu hipoteca se puede renegociar. Si no, debes pensar en vender, porque recurrir a tu tarjeta de crédito no es una buena solución para este difícil problema. Tienes que pensar en lo que ocurrirá en unos meses y darte cuenta de que más temprano que tarde habrás llegado al límite de tu tarjeta de crédito. ¿Y entonces qué? Tendrás una deuda descomunal en tu tarjeta de crédito y una hipoteca que no podrás pagar. Lo único que has hecho es retrasar lo inevitable y, entre tanto, has añadido miles de dólares a la deuda de tu tarjeta de crédito.

Para aquellos que son testarudos y quieren usar su tarjeta de crédito para conservar sus viviendas, les aconsejo revisar lo que explicaba en "Plan de acción: El crédito". Nunca he sido partidaria de aumentar la deuda de la tarjeta de crédito, pero hacerlo en 2009 entraña el doble de peligro. Las empresas de tarjetas de crédito tienen que lidiar con su propia realidad: se arriesgan a pérdidas masivas si los consumidores fallan en tiempos difíciles durante la crisis del crédito y la recesión económica.

Desconfían especialmente de cualquiera que vaya a tener problemas: un saldo impagado que no para de crecer activará las alarmas en la empresa de la tarjeta de crédito. Puede provocar el recorte del límite de tu tarjeta de crédito, el cierre de tu cuenta (no podrás comprar nada más, pero seguirás siendo responsable de tu saldo) y tu tasa de interés podría irse por las nubes. Te aconsejo no mezclar los problemas de la hipoteca con los de la tarjeta de crédito.

Sé que es difícil pensar en ello, pero si de verdad no puedes pagar la hipoteca hoy, es preferible mudarse a hundirse más en la deuda mientras intentas mantenerte a flote. Desde luego, supongo que habrás hecho todo lo posible para encontrar el dinero con qué pagar la hipoteca. En "Plan de acción: Los gastos", he expuesto algunas sugerencias para recortar tus gastos y tener más dinero para pagar la hipoteca o solucionar otros problemas económicos.

LA SITUACIÓN: Quieres retirar dinero de tu 401(k) y usarlo para mantenerte al día en el pago de la hipoteca.

LA ACCIÓN: No lo hagas. Si usas el dinero de tu jubilación hoy, ¿con qué vivirás cuando te jubiles?

Veo a muchas personas cometiendo el mismo error estos días. Entiendo el razonamiento: Estás desesperado por conservar tu vivienda y harás cualquier cosa para no caer en la ejecución. Así que vacías tu cuenta 401(k) y pagas un impuesto por el retiro anticipado. Puede que también te añadan una multa del 10 por ciento por el dinero que has retirado si tienes menos de 59 años y medio. Sin embargo, seis meses más tarde, te encuentras de vuelta en el mismo agujero. Has utilizado todo el dinero que retiraste de tu 401(k) y vuelves a retrasarte en el pago de tu hipoteca. Por lo tanto, lo único que has hecho es aplazar lo inevitable, a saber, que en realidad no puedes pagar esa hipoteca. Sin embargo, entretanto has borrado del mapa tus ahorros para la jubilación. Para nada.

También es importante saber que el dinero que tienes en una cuenta 401(k) o IRA está protegido, en caso de que tuvieras que declararte en quiebra. Ese dinero será tuyo, pase lo que pase. No es una reflexión muy agradable, pero pensemos en lo que ocurre en una situación realmente grave. Tienes $20.000 en tu 401(k), y los retiras. Después de los impuestos y el 10 por ciento de penalización, te quedan $15.000. Eso te permite pagar las cuentas durante unos meses pero, una vez que lo has usado, estás de vuelta donde empezaste. No puedes pagar la casa. Por lo tanto, la pierdes. Y ahora no tienes ahorros para la jubilación.

Si hubieras guardado los $20.000 invertidos otros diez años, con una tasa de retorno conservadora del 5 por ciento, habrías ahorrado casi $25.000. Y ese dinero no te lo pueden quitar en caso de quiebra.

LA SITUACIÓN: Quieres tomar prestado de tu cuenta 401(k) y usar el dinero para mantenerte al día en el pago de la hipoteca.

LA ACCIÓN: En una situación como ésta, un préstamo no es mejor que un retiro de tus fondos. No lo hagas. Es probable que sepas que no soy una gran partidaria de esta práctica. Si pides un préstamo, significa que te cobrarán impuestos dos veces en el dinero que retiras. Y existe el riesgo de que si te despiden, deberás pagar el préstamo en unos meses. Todos sabemos que debido a las actuales dificultades económicas, es probable que veamos más despidos en 2009. Así que si pides el préstamo, y luego te despiden y no puedes pagarlo lo más pronto posible, tendrás un problema añadido con los impuestos. El préstamo se considera un retiro y deberás pagar la penalización del 10 por ciento por retiro anticipado (si tienes menos de 59 años y medio), además del impuesto sobre la renta.

LA SITUACIÓN: No puedes pagar las mensualidades de la hipoteca, pero lo que debes de la hipoteca es más de lo que obtendrías por la casa al venderla.

LA ACCIÓN: Presiona a tu prestamista para que acepte una venta al descubierto.

En una venta al descubierto, un prestamista acepta el precio que sea al que puedas vender tu casa en el mercado actual, aunque eso equivalga a menos que el saldo restante en tu hipoteca. El prestamista acuerda que una vez hayas hecho entrega de las ganancias de la venta, tu hipoteca se considerará saldada. Cualquier diferencia entre el saldo y el precio de venta será perdonada.

Puede que los prestamistas se plieguen a este acuerdo si creen que lo que pueden obtener por una venta al descubierto es superior a los gastos en que incurrirán si tienen que proceder a la ejecución de tu hipoteca. Aún así, no es nada fácil encontrar a prestamistas que se muestren de acuerdo con una venta al descubierto. Sin embargo, vale la pena preguntar. El impacto que tiene en tu calificación FICO no es diferente de lo que sería si te ejecutaran por impago de la hipoteca (ver detalles, más abajo), pero es una manera menos traumática de despedirte de tu vivienda.

LA SITUACIÓN: Te preocupa que una venta al descubierto perjudique tu calificación FICO.

LA ACCIÓN: La perjudicará, pero es preferible ser honesto ahora en lugar de obstinarte y empeorar tu vida económica (y tu calificación FICO) al intentar conservar una casa que no puedes pagar.

La hipoteca que firmaste era un contrato legal en el que acordabas pagar la cantidad que te habían prestado (el principal) más el interés. En una venta al descubierto, te permiten pagar menos de lo que pediste prestado. Tú no cumpliste con tu parte del contrato, y eso perjudicará tu calificación FICO. Una venta al descubierto permanecerá en tu historial de crédito durante siete años (aunque no veas el término "venta al descubierto" en tu historial. Los prestamistas usan términos diferentes, y a veces describen una venta al descubierto como "saldada"), y lo mismo ocurrirá con una ejecución. El impacto de una venta al descubierto (y de una ejecución) en tu calificación FICO va disminuyendo a medida que pasa el tiempo.

Si crees que tendrás que proceder a una venta al descubierto en 2009, es sumamente importante que el saldo de tu tarjeta de crédito esté pagado. Sé que esto es difícil, ya que estás lidiando con asuntos económicos muy graves, pero tienes que pensar en esto como una prioridad, porque una vez que tu calificación FICO baje a causa de la venta al descubierto, puede que la empresa de tu tarjeta de crédito se ponga nerviosa, lo cual normalmente indica que te aumentarán la tasa de interés. Y lo último que puedes permitirte es un saldo negativo en la tarjeta de crédito con una tasa de interés del 32 por ciento.

LA SITUACIÓN: Has oído decir que si te prestas a una venta al descubierto el IRS te cobrará unos impuestos muy elevados, y no tienes el dinero para pagar eso.

LA ACCIÓN: Relájate. No deberás el impuesto sobre la renta en la deuda que te es perdonada, siempre y cuando la venta al descubierto se produzca antes de 2012. Originalmente, la Mortgage Debt Relief Act (Ley de alivio de la deuda hipotecaria) de 2007, no exigió el cumplimiento de la norma fiscal sobre la deuda perdonada hasta 2009, pero el plazo fue ampliado hasta 2012 en el gran plan de rescate de $700.000 millones, en 2008. Hasta $2 millones de deuda perdonada están exentos de impuestos en el caso de parejas casadas que presentan una declaración conjunta ($1 millón en el caso de un solo individuo).

LA SITUACIÓN: Te han negado una venta al descubierto. ¿La ejecución de la hipoteca es tu única opción?

LA ACCIÓN: Es probable que sí. Tu única otra opción es una "escritura en reemplazo de ejecución hipotecaria", por la cual haces entrega de la deuda de tu vivienda a tu prestamista, que en ese momento toma posesión sin pasar por el proceso formal de ejecución. A pesar de que es una opción, los prestamistas no suelen ofrecerla. La venta al descubierto o la ejecución es una alternativa más probable si no puedes alcanzar un acuerdo para renegociar el préstamo y tienes que renunciar a la vivienda.

LA SITUACIÓN: ¿Tendrás el dinero suficiente para mudarte enseguida cuando el banco comience el proceso de ejecución?

LA ACCIÓN: Las leyes sobre las ejecuciones varían de un estado a otro. Los prestamistas suelen comenzar el proceso de ejecución cuando llevas tres meses de retraso en los pagos.

En casi la mitad de los estados, la ejecución debe seguir su curso ante los tribunales. En la otra mitad se utilizan procedimientos que no requieren una acción judicial. Por ejemplo, algunos estados permiten lo que se denomina "poder de venta", por el cual las empresas hipotecarias (o quien sea que tenga los derechos según el documento de la hipoteca) pueden gestionar el proceso de ejecución. En cualquiera de los dos tipos de ejecución, recibirás una notificación de la parte ejecutoria de que el proceso de ejecución ha comenzado. Normalmente, tendrás entre unas cuantas semanas y unos cuantos meses (dependiendo de las leyes del es-

tado) para restituir el préstamo pagando lo que debes (para un resumen de los procedimientos de
ejecución de los estados, ver *Foreclosure Survival
Guide*, de Stephen Elias, Nolo Press, 2008; las actualizaciones a la lista serán publicadas en la sec-
ción de actualizaciones legales en nolo.com).

Si no te pones al día en el pago de tu hipoteca en
el plazo concedido, la ejecución sigue su curso, y tu
casa es vendida o el prestamista toma posesión.
Aunque tienes derecho a permanecer en tu vivienda
hasta que un tribunal haya ordenado el desalojo,
después de la venta posterior a la ejecución, muchos
prestamistas alientan a los propietarios ejecutados a
dejar la vivienda mediante una oferta de "efectivo
por llaves", es decir, dinero que se paga para que dejes la vivienda voluntariamente en lugar de exigirle
al nuevo propietario una orden de desalojo de un tribunal. Puedes ver un buen resumen del proceso de
ejecución en http://www.credit.com/life_stages/
overcoming/Understanding-Foreclosure.jsp.

LA SITUACIÓN: Un "especialista en rescates" ha
tomado contacto contigo y promete ayudarte a evitar la ejecución, previo pago de unos honorarios.

LA ACCIÓN: No caigas en esta trampa. Los verda-
deros consultores de ejecución no te buscarán a ti:
tú los buscarás a ellos. La enorme cantidad de
prestatarios en riesgo ha creado toda una gama de

oportunidades para los artistas estafadores que encuentran fácilmente víctimas buscando en los registros públicos las noticias de incumplimiento. El truco más habitual consiste en lo siguiente: El agente se ofrece para negociar un acuerdo con tu prestamista si primero pagas los honorarios. Una vez que pagas, ellos desaparecen. Un truco aún peor implica hacerte firmar documentos para un nuevo préstamo que, supuestamente, actualizará los pagos de tu hipoteca, pero lo que ha ocurrido es que el estafador te ha engañado para que le cedas el título de propiedad a cambio de un préstamo de "rescate".

Si te enfrentas a una ejecución, consigue ayuda en la que puedas confiar. Empieza por la National Foundation for Consumer Credit Counseling, que te pondrá en contacto con un asesor en vivienda en tu zona. Llama al 866-557-2227. Hay más información disponible sobre las estafas relacionadas con las ejecuciones en su centro de recursos de Homeowner Crisis, housinghelpnow.org, y en el sitio del FTC, www.ftc.gov/bcp/edu/pubs/consumer/credit/cre42.shtm. Si crees que has sido víctima de un fraude por un procedimiento de ejecución, ponte en contacto con la Federal Trade Comisión en ftc.gov o llama al 1-877-FTC-HELP, o a la oficina del Fiscal General de tu estado.

LA SITUACIÓN: Te preocupa que si te ejecutan la hipoteca nunca podrás comprar otra casa.

LA ACCIÓN: Podrás acogerte al programa de adquisición de una vivienda en el futuro si tomas medidas hoy para empezar a reconstruir tu calificación FICO. No hay manera de engañarse con esto. Una ejecución, lo mismo que una venta al descubierto, será una marca negativa muy visible en tu calificación FICO. Sin embargo, no es una mancha permanente. La ejecución permanece en tu calificación FICO siete años, y cada año su impacto en la calificación FICO disminuye. Es lo mismo que ocurre con una venta al descubierto.

Porque es probable que tu calificación FICO disminuya, te recomiendo hacer todo lo posible para pagar el saldo impago de tu tarjeta de crédito si crees que tendrás que enfrentarte a una ejecución en 2009. Sé que es una decisión difícil, puesto que es evidente que actualmente ya tienes serias dificultades económicas. Sin embargo, te recomiendo que hagas lo posible por mantener un saldo bajo en tu tarjeta de crédito. Cuando tu calificación FICO baje en 2009, puede que en la empresa de tu tarjeta de crédito se pongan nerviosos pensando que tienes problemas. El resultado puede ser un recorte de tu línea de crédito. Y, como hemos visto en "Plan de acción: El crédito", eso dará inicio a un círculo vicioso que puede acabar en una subida enorme de tu tasa de interés.

LA SITUACIÓN: Ahora que los precios del mercado inmobiliario están a la baja, te preguntas si es un buen momento para comprar una casa.

LA ACCIÓN: Sigo creyendo que con el tiempo una vivienda puede ser una de las inversiones más gratificantes que puedes hacer, pero tienes que estar seguro de que te la puedes permitir. Cuando digo "te la puedes permitir", me refiero no sólo a los pagos mensuales de la hipoteca y los gastos, sino al hecho de que tienes que poder cumplir con esos pagos al menos durante ocho meses si no tienes ingresos. ¿Por qué ocho meses? Porque si por algún motivo perdieras tu empleo, podrías tardar varios meses en encontrar uno nuevo. Desde luego, espero que puedas encontrar un trabajo magnífico enseguida, pero si nos encontramos en una recesión profunda, puede que tardes más de lo que habías pensado en dar con ese empleo. Te aconsejo estar en una posición en la que sepas que tienes unos ahorros para cubrir la hipoteca mientras buscas un empleo.

En lo que se refiere al momento, te recomiendo comprar en 2009 sólo si tienes la intención de no moverte durante cinco años. No me importa qué tipo de trato arranques, pero no tiene sentido comprar una casa ahora si sospechas que te mudarás al cabo de unos años. Esta recuperación inmobiliaria será lenta (recuerda el escenario "L" que he mencionado antes). Si compras hoy, puede que los precios no suban demasiado en los próximos años. De hecho, en algunas regiones puede que todavía sigan bajando. Y es importante recordar que cuando vayas a vender, tendrás que pagar a un agente una comisión de venta del 5 o 6 por ciento. Eso podría barrer cualquier valorización que pueda darse en uno o dos años... o tres, según la dureza del golpe en tu zona.

Y ni siquiera pienses en comprar si todavía tienes que ahorrar hasta tener al menos el 10 por ciento del precio de la vivienda para pagar una entrada. ¿He dicho 10 por ciento? Debería decir que 20 por ciento es incluso más probable. A pesar de que hay ciertos programas de gobierno que requieren entradas más bajas, la nueva realidad es que la única manera que tienen los propietarios de cumplir con los requisitos para una hipoteca normal es pagar una sólida entrada.

El último requisito que tengo para los compradores potenciales es que puedes comprar tu casa con una hipoteca estándar de treinta años a tasa fija. En lugar de "apostar" por un préstamo de tasa ajustable, o en que tendrás suficiente valor líquido en tres o cinco años para refinanciar, creo que es más inteligente conservar una tasa fija a treinta años para que nunca tengas que preocuparte de que tus cuotas suban.

UN RESQUICIO DE ESPERANZA. *El Housing and Economic Recovery Act (julio 2008) ofrece un crédito de hasta $7.500 para los compradores por primera vez que compren una vivienda entre el 9 de abril de 2008 y el 1 de julio de 2009. Las personas con ingresos inferiores a $75.000 y las parejas casadas con un ingreso inferior a $150.000 pueden acogerse a este programa. El crédito es, en realidad, un préstamo sin intereses. Lo solicitas en tu declaración de la renta y luego pagas el monto del crédito en un plazo de quince años.*

LA SITUACIÓN: Quieres aprovechar los bajos precios inmobiliarios en tu zona, pero no tienes cómo pagar una entrada del 10 por ciento.

LA ACCIÓN: Si no puedes pagar una entrada del 10 por ciento es probable que no te puedas permitir comprar en 2009.

A pesar de que hay programas de préstamos federales que requieren una entrada de menos del 5 por ciento, si quieres una hipoteca convencional, los prestamistas este año insistirán en la necesidad de una entrada del 10 por ciento, y en muchos casos tendrás que tener el 20 por ciento para acceder a las mejores tasas de interés.

Los días de los préstamos sin entrada se han acabado y, si tenemos suerte, nunca volverán. Hay que pensar que si a los millones de personas que compraron casas sin pagar entrada durante el *boom* inmobiliario se les hubiera exigido una entrada, no estaríamos viviendo este desastre actualmente. Sin una entrada, a esas personas no se les habría permitido adquirir una vivienda.

Siempre he dicho que si no puedes permitirte pagar una entrada, estamos ante una señal de que no te puedes pagar una casa.

LA SITUACIÓN: No sabes cuánto podrías pagar por una casa.

LA ACCIÓN: Los que compran por primera vez tienen que entender que pagar $1.000 de arriendo mensual no significa que puedes pagar una hipoteca de $1.000 al mes. Además de la hipoteca de base, tendrás que pagar los impuestos a la propiedad, el seguro del hogar y, si tu entrada es inferior al 20 por ciento, un seguro privado para la hipoteca. También tienes que estar preparado para pagar los gastos de mantención y las reparaciones (¡ahora tú eres el propietario!). Si sumas todos esos gastos no relacionados con la hipoteca, tu factura mensual puede ser entre un 30 por ciento y un 40 por ciento más cara que la hipoteca de base. Por lo tanto, si tu hipoteca es de $1.000, tus gastos mensuales de la vivienda podrían, de hecho, aproximarse a los $1.300 o $1.400. Es verdad que tendrás ventajas impositivas por ser propietario de una vivienda, porque los intereses de los pagos de tu hipoteca son deducibles. Es una ayuda, pero no es una solución.

La mejor manera de saber cuánto puedes pagar es utilizar una calculadora en el Internet (consulta en www.bankrate.com) para calcular la hipoteca de base. Luego súmale un 30 por ciento a esa cantidad y pregúntate si de verdad puedes hacer frente a esos gastos. Si no es así, busca una vivienda más barata. El objetivo consiste en poder pagar una vivienda desahogadamente, no en estirar tu presupuesto y apostar.

LA SITUACIÓN: Compraste tu vivienda hace diez años y tienes un buen valor líquido sobre ella, pero te preguntas si no deberías vender ahora y arrendar.

LA ACCIÓN: Tu vivienda no es como una acción que compras y vendes basándote en su valor a corto plazo. Si disfrutas de tu casa, si puedes seguir pagándola y no necesitas vender ahora mismo, consérvala.

Debo decirte que el momento de vender era hace unos tres años, cuando el mercado alcanzó su punto álgido. Esto concuerda con mi consejo sobre cómo concebir las inversiones. Si el tiempo corre a tu favor, ten paciencia. Si necesitas el dinero de la venta en el plazo de uno o dos años, eso es un asunto diferente. Es verdad que podríamos ver que los precios siguen bajando antes de que se estabilice el mercado inmobiliario. Suponiendo que no te tienes que mudar, ¿por qué hacerlo? Sobre todo si piensas que tendrás que pagar la comisión de venta del 6 por ciento, junto con los gastos y el ajetreo de la mudanza.

LA SITUACIÓN: Tu hijo y tu nuera tienen problemas con el pago de su hipoteca. Tú estás jubilado y pensabas utilizar parte de tus ahorros para ayudarlos en estos momentos difíciles.

LA ACCIÓN: Si puedes permitirte ayudarlos, ayúdalos. Sin embargo, es un tema que tienes que pensar detenidamente. Si ayudarlos hoy pone en riesgo de alguna manera tu seguridad en la jubilación, sencillamente no puedes permitírtelo. Eso no es ser egoísta sino, más bien, es consideración por tus hijos. Tienes que pensar en las consecuencias que esto podría traer consigo. Ayudas a tu hijo ahora, pero eso significa que tu cuenta de jubilación se agotará en 15 años, en lugar de durar los 25 o 30 que tenías pensado. Supongamos que tienes la buena fortuna de vivir muchos años. El único problema es que tendrás que pedir ayuda a tus hijos porque ya no te quedará dinero.

En esta situación, tú posees los activos que valen. Es probable que seas dueño de tu propia vivienda y que tengas un buen fondo de pensión. No los arriesgues. Si tus hijos han comprado una vivienda que no pueden pagar, puede que sea preferible que renuncien a ella. Si viven cerca de ti, puedes ofrecerles alojamiento mientras ellos se reagrupan. O, si están decididos a conservar la vivienda, podrías ofrecerte para tener un papel más activo cuidando de los nietos los fines de semana para que los padres puedan trabajar en un segundo empleo o en proyectos de su trabajo para aportar los ingresos que necesitan.

LA SITUACIÓN: Hace dos años, pediste una HELOC que nunca utilizaste, pero que guardaste en caso de que tuvieras una emergencia. Tu prestamista te acaba de comunicar que rescinde tu línea HELOC.

LA ACCIÓN: En 2009 tienes que tener una cuenta de ahorros normal financiada con tu propio dinero. No puedes depender de una HELOC o una línea de crédito en tu tarjeta de crédito para una emergencia. Las HELOC están siendo rescindidas (o recortadas) debido a la caída de los valores inmobiliarios. Con menos valor líquido de tu vivienda, de pronto pareces mucho más arriesgado a tu prestamista HELOC.

LA SITUACIÓN: Tienes una HELOC abierta y te preguntas si deberías utilizarla ahora y poner el dinero en una cuenta de ahorros para que te sirviera como fondo de ahorros de emergencia.

LA ACCIÓN: Financia tu cuenta de ahorro con ahorros de verdad, no alimentando tu deuda. Es absurdo asumir más deudas en 2009, dada la probabilidad de que en el marco de una recesión aumentará el riesgo de perder tu empleo. No me digas que utilizarás tus ahorros para pagar tu HELOC si te despiden. Despierta. Necesitarás ese dinero para tus gastos corrientes, así que ¿para qué querrías añadir una deuda a ese gasto mensual?

Si quieres crear una cuenta de ahorro verdadera y honesta, revisa mis consejos en "Plan de acción: Los gastos" para saber de dónde sacar dinero que destinarás a tus objetivos más importantes en 2009.

LA SITUACIÓN: Habías pensado usar una HELOC para ayudar a pagar los gastos del colegio de tu hijo, pero ahora que han bajado tanto los precios de la vivienda, dudas que puedas pagar la escuela con una HELOC.

LA ACCIÓN: Agradece que las fuerzas del mercado no te hicieron caer en esta trampa. Nunca he sido partidaria de que las familias aumenten su deuda de la vivienda para pagar la educación escolar. Normalmente, esta práctica deja a los padres con una gran deuda justo en el momento en que deberían concentrarse en pagar la deuda de su hipoteca, no aumentarla, y prepararse para la jubilación.

No te preocupes. Tienes unas buenas opciones para cubrir los gastos de una educación universitaria. Te recomiendo consultar mi "Plan de acción: Los fondos para la educación universitaria."

LA SITUACIÓN: Contabas con que se dispararan los precios de la vivienda para que eso te ayudara a financiar tu jubilación.

LA ACCIÓN: Es el momento de ver seriamente cómo ahorrar dinero de tu salario. Como he dicho anteriormente en este capítulo, sigo creyendo que la vivienda es una sólida inversión a largo plazo. Sin embargo, eso significa que, como promedio, su valor aumentará a un ritmo de sólo 1 punto porcentual por encima de la inflación. Eso no alimentará los fondos para tu jubilación.

Si tienes más de cincuenta años, plantéate el objetivo de aprovechar las cantidades de "actualización" que se te permite para invertir en tu 401(k) y en tu IRA. En 2009, puedes invertir $5.500 adicionales en tu 401(k) si tienes más de cincuenta años, hasta una contribución máxima total de

$22.000. También puedes aportar $1.000 adicionales a tu IRA en 2009, hasta un total de $6.000.

¿No sabes de dónde sacar más dinero? Asegúrate de leer "Plan de acción: los gastos".

LA SITUACIÓN: Puedes pagar tu casa, pero te preocupa haber hecho una inversión muy mala.

LA ACCIÓN: Tienes que apreciar tu casa por lo que es. Sí, es una inversión, pero no una inversión cuyo valor deberías seguir mes a mes o año a año. Si puedes pagar tu casa hoy, lo mejor que puedes hacer es no preocuparte de las turbulencias en el actual mercado inmobiliario.

La vivienda sigue siendo una sólida inversión a largo plazo. Veamos qué quiero decir por "sólida". La tendencia (y hablo de décadas, no de unos cuantos años) es que la vivienda aumenta su valor a un ritmo que es aproximadamente un punto porcentual más alto que la inflación. Creo que cuando el mercado inmobiliario se estabilice (y sí, se trata de un "cuando", no de un "si" condicional), sin duda es razonable pensar que la vivienda recuperará un cierto ritmo normal (aunque más bajo) de valorización. Una manera de ver el estallido masivo de la burbuja inmobiliaria es que, de hecho, es una dolorosa corrección para devolver las cosas a un nivel basado en un ritmo más moderado de valorización.

Entre tanto, tu vivienda es tu hogar. Es un refugio, un lugar donde tú y tu familia crean recuerdos. También es una buena ventaja fiscal.

LA SITUACIÓN: Te acercas a la edad de jubilación y pensabas pagar tu hipoteca antes de tiempo. No estás seguro de que eso siga teniendo sentido.

LA ACCIÓN: Si vives en una casa que piensas tener para siempre, creo que 2009 es un momento excelente para acelerar el pago de tu hipoteca. Sólo debo advertir que si tienes una deuda en tu tarjeta de crédito, ésa debe ser tu prioridad en 2009. Y asegúrate de seguir invirtiendo en tu 401(k) para recibir la contribución equivalente de tu empresa.

Si te has ocupado de todo eso, pagar tu hipoteca tiene mucho sentido. Siempre he sido partidaria de saldar la deuda hipotecaria antes de jubilarse. La mejor manera de asegurarte de que podrás permitirte tener tu vivienda en la jubilación es saber que eres su propietario. Eso te permitirá usar tus fondos de jubilación sólo para el impuesto a la propiedad y los costos de mantención.

Si ya eres propietario definitivo de tu vivienda, también tienes la posibilidad de pedir prestado a través de una hipoteca inversa, si crees que necesitas más dinero en la jubilación.

LA SITUACIÓN: Arriendas una casa y siempre le has pagado puntualmente al propietario, pero acabas de saber que tienes que mudarte porque el propietario no ha pagado la hipoteca y el banco va a ejecutarla con la casa.

LA ACCIÓN: Tienes que presionar decididamente para que se respeten tus derechos. Si bien a medida que transcurría 2008 se produjo una evolución de la conciencia de que los inquilinos eran víctimas inocentes de la crisis de las ejecuciones, al día de hoy, las soluciones no son leyes taxativas que garanticen que todos los inquilinos están seguros. El paquete de rescate de $700.000 millones incluía una disposición según la cual "cuando es permisible", se permitirá a los inquilinos que están al día en el pago del arriendo permanecer en una propiedad que ha sido traspasada a uno de los planes federales de rescate. Sin embargo, eso sólo ocurrirá si el préstamo forma parte del rescate federal y no se contradice con la legislación estatal existente. En el mismo paquete de rescate hay un lenguaje vago que dice que el Departamento del Tesoro confía en que los prestamistas que buscan ayuda federal no desalojarán a los inquilinos que se encuentren al día en el pago del arriendo.

Te sugiero que seas muy agresivo e incansable cuando se trata de presionar para quedarte en tu vivienda. La National Low Income Housing Coalition tiene un esquema en el Internet de las protecciones que existen para los inquilinos en los diversos estados. Sus investigaciones permanentes están disponibles en http://www.nlihc.org/doc/State-Foreclosure-Chart.pdf. Me gustaría poder darte una referencia para los mejores recursos locales, pero, lamentablemente, ésta no existe. Por lo tanto, tienes que empezar a llamar y escribir frenéticamente para averiguar qué sucede en tu estado y en tu condado. Empieza por tu gobierno local o con una organización sin fines de lucro para la defensa de los inquilinos. Si cuentas con una oficina local de asesoría legal o un programa de asistencia en cuestiones inmobiliarias, consulta con ellos. Lamentablemente, todo se puede resumir en que tienes que actuar como tu propio defensor. Sin embargo, en el mercado a la baja de 2009, puede que haya una oportunidad de convencer a un prestamista para que respete el contrato y deje que la vivienda de alquiler siga ocupada.

LA SITUACIÓN: Estás en buenas condiciones económicas, con suficiente dinero para pagar un 20 por ciento de entrada. Te preguntas si 2009 es el momento adecuado para cerrar un buen trato comprando una casa de vacaciones, para arrendarla y ganar algún dinero.

LA ACCIÓN: Ten mucho cuidado. Es posible que muchas personas que piensan comprar una vivienda de vacaciones o invertir en el sector inmobiliario no tengan las cosas lo bastante claras, ni sepan que podrían tener problemas. Si tienes que arrendar esa propiedad para pagar la hipoteca, te diría que no toques esta "oportunidad". ¿Por qué? Porque si algo ocurre y tus inquilinos no pueden pagar el arriendo, ¿cómo piensas pagar la hipoteca? Tienes que tener la seguridad de que puedes cumplir con los pagos todos los meses, independientemente de tus ingresos por el arriendo. También debes recordar que en tiempos de crisis como éstos es posible que haya más propietarios de viviendas de vacaciones que quieran arrendar sus casas, lo cual no te conviene. Si hay más competencia, habrá menos inquilinos potenciales.

Y, aunque corra el riesgo de repetirme, te lo vuelvo a advertir: si tienes aunque sea un solo centavo de deuda en tu tarjeta de crédito, si no tienes ahorros para la jubilación, y si no tienes un fondo de ahorros de emergencia suficiente para pagar por lo menos ocho meses de gastos corrientes, o si todavía estás pagando tu hipoteca primaria o tienes un saldo negativo en tu cuenta HELOC, no puedes permitirte tener una casa de vacaciones. Ni en 2009 ni en ningún año. ¡Denegado!

8

Los fondos para la educación universitaria

La nueva realidad

Se han acabado los tiempos cuando lo único que tenías que hacer para ahorrar para la educación de tus hijos era poner dinero todos los meses en un plan 529 y sentarte a ver cómo éste crecía. También han acabado los días en que podías pensar en crear una línea de crédito sobre el valor de la vivienda o pedir un préstamo a tu 401(k) para cubrir los gastos de la universidad cuando se necesitaba una ayuda adicional.

¿Qué ha sucedido que todas estas opciones han quedado obsoletas? La respuesta es sencilla. Los valores inmobiliarios y bursátiles han caído drásticamente en un periodo de tiempo muy breve, dejando a muchas personas varadas cuando se trata de pagar la universidad. Pero la cosa no acaba ahí. Mientras los mercados inmobiliario y bursátil sufrían turbulencias, la economía de Estados Unidos también experimentaba una crisis financiera.

Si bien esta crisis ha tenido y sigue teniendo un efecto devastador en la economía mundial, y ha dado como resultado una serie de medidas de rescate del Departamento del Tesoro, hasta llegar al plan de rescate de $700.000 millones, también está teniendo un enorme efecto en las personas. De pronto, el dinero que ibas a usar para financiar la educación universitaria ya no está, y temes que con la reducción del crédito no podrás pedir un préstamo estudiantil para compensar lo que te falta. Sin embargo, quiero decirte que a veces incluso una crisis económica de esta magnitud tiene sus resquicios de esperanza.

La buena noticia de esta reducción del crédito es que el Congreso aprobó una legislación de emergencia en mayo de 2008 que volvió a inyectar vida en el mercado de los préstamos estudiantiles. Esta nueva legislación incluye importantes cambios que aumentan la cantidad que un alumno puede pedir prestada del gobierno federal y relajan las condiciones del pago de estos préstamos. Por lo tanto, entre las malas noticias económicas surge esta excelente novedad: en 2009, la mayoría de las familias podrán prescindir de los préstamos privados caros y arriesgados y pagar la educación universitaria con préstamos del gobierno federal.

Sin embargo, el procedimiento no es tan sencillo. Tu Plan de acción depende de diversos factores, entre ellos, tu edad y la edad de tus hijos, y cuánto dinero quieres invertir en una educación universitaria. Cuando sigas leyendo más abajo y diseñes tu propio Plan de acción para el fondo universitario en 2009, te sugiero que seas absolutamente honesto a propósito de lo que puedes y no puedes pagar.

Qué debes hacer en 2009

- Si tu hijo/a irá a la universidad dentro de cuatro años y tienes tus ahorros para la educación universitaria en la bolsa, deberías empezar a retirarlos del mercado bursátil, de manera que lo hayas trasladado todo para cuando él o ella tenga diecisiete años.
- Si tu hijo/a piensa ir a la universidad en 2009–2010, procura conseguir un préstamo Stafford.
- Si un préstamo Stafford no es suficiente, los padres deberían pensar en un préstamo PLUS. Los importantes cambios introducidos en este programa el año pasado lo convierten en una opción viable para muchas familias.
- Mantente alejado de los préstamos estudiantiles privados, cueste lo que cueste.
- Si te vas a graduar de la universidad en 2009 con una deuda de un préstamo estudiantil, entérate de tus opciones de reembolso.

Tu plan de acción para 2009: El pago de la educación universitaria

LA SITUACIÓN: Tu hijo/a piensa ir a la universidad el próximo año. Debido al estado incierto del mercado bursátil, quieres dejar de poner dinero en tu 401(k) y utilizar esos fondos para pagar la educación universitaria de tu hijo/a. ¿Deberías hacerlo?

LA ACCIÓN: No, no y no. Tus cuentas para la jubilación son prioritarias.

Este año, no hay nada —y digo bien, nada— que tenga prioridad por encima de asegurar una seguridad a corto plazo (bajo la modalidad de una cuenta de ahorros de emergencia para ocho meses) y proveyendo para una seguridad a largo plazo manteniendo las inversiones para tu jubilación.

No soy insensible a la importancia que le otorgas a dar la oportunidad a tus hijos para que alcancen y desarrollen su mayor potencial en la vida. Y entiendo que no es nada fácil pedirles a tus hijos que compartan los gastos de la universidad suscribiendo un préstamo estudiantil. Sin embargo, es necesario, sobre todo ahora. Podrían pasar años antes de que el mercado de acciones se recupere del todo. Tu 401(k) ha sufrido un buen golpe pero, aunque suene contradictorio, te pediré que sigas comprando acciones de las inversiones que tienes en tu plan 401(k). Supongo que tu dinero está invertido en fondos de buena solvencia y que te has diversificado. También supongo que te quedan diez años o más para jubilarte. Te diré por qué tiene sentido seguir aportando al plan: cuanto más baja la bolsa, más acciones podrás comprar de los fondos de inversión en los que has invertido, y más dinero ganarás cuando los mercados se recuperen.

Lo más importante que debes recordar es que necesitarás ese dinero cuando te jubiles. Si no lo tienes, podrías acabar siendo una carga económica para tus hijos. Si no ahorras hoy, ¿con qué vivirás cuando te jubiles? No te preocupes, no te estoy sugiriendo que dejes a tus hijos sin nada. Como explicaré en las páginas siguientes, tanto tu hijo/a como tú pueden suscribir préstamos federales para ayudar a pagar la educación universitaria.

LA SITUACIÓN: Tus ahorros para la educación universitaria han encajado un golpe tan grave que piensas tomar prestado de tu 401(k) para cubrir los gastos universitarios.

LA ACCIÓN: Ni te atrevas. Nunca es una buena decisión tocar los ahorros de tu jubilación para cubrir otros gastos. Y en 2009 será doblemente arriesgado, dada la posibilidad de más despidos. Si eso ocurre, cualquier préstamo restante debe ser pagado dentro de pocos meses, o se considerará el préstamo como retiro. Eso activará un impuesto sobre la renta de esa cantidad que has retirado y, normalmente, el 10 por ciento de penalización por retiro anticipado si tienes menos de 59 años y medio. Si necesitas encontrar dinero para la educación universitaria, los préstamos federales son la mejor opción.

LA SITUACIÓN: Quieres utilizar los ahorros de tu cuenta IRA para pagar la matrícula de la universidad de tu hijo/a.

LA ACCIÓN: Como he dicho antes, utilizar tus fondos de jubilación para pagar la universidad no es lo ideal. ¿De qué vivirás cuando te jubiles? Otro problema posible es que si haces un retiro anticipado de tu IRA puedes influir en los requisitos que debe cumplir tu hijo/a para postular a una ayuda. El retiro será considerado como ingresos de los padres, y eso es un factor decisivo para definir las ayudas. Mi consejo es que no toques tu cuenta IRA para pagar la educación universitaria.

Para quienes se nieguen a seguir este consejo, quiero señalar que si haces un retiro anticipado de tu cuenta IRA para pagar la educación universitaria, no deberás la penalización del 10 por ciento que normalmente aplica el IRS a los retiros hechos antes de los 59 años y medio. Sin embargo, puede que debas el impuesto sobre la renta sobre ese dinero retirado. Los retiros de dinero que has aportado a tu Roth IRA no estarán sujetos a impuestos, pero las ganancias sí podrían estarlo. El dinero retirado de una IRA tradicional podría estar sujeto al impuesto sobre la renta.

LA SITUACIÓN: Le dijiste a tu hija que la matricularías en una universidad privada, pero has perdido tu empleo y ahora no puedes cumplir tu promesa.

LA ACCIÓN: Los tiempos han cambiado, y tú también debes cambiar. Tienes que ser más realista y honesto que nunca con tus hijos. Recomiendo a todos los padres pensar detenidamente en lo que pueden permitirse gastar en la educación universitaria, ya sea a través de préstamos o de ahorros varios. La mejor escuela para tus hijos es la que proporciona una educación sólida y no deja a la familia debiendo de $150.000 a $200.000. No suelo tener paciencia con los que me dicen que "los gastos no son el problema", que "una educación de calidad es más importante". Les digo de una vez por todas: *El gasto es un problema muy importante.* No te puedes permitir suscribir deudas que luego te impedirán pagar tus facturas o ahorrar para tu jubilación. Tampoco tiene sentido dejar que tu hijo/a acumule deudas por $100.000 en préstamos estudiantiles privados. En la mayoría de los casos, las deudas por préstamos estudiantiles no se perdonan con una declaración de quiebra. Es como el Velcro de la deuda, no te puedes desprender de él. Las deudas por préstamos estudiantiles le dificultarán enormemente a tu hijo/a crear su propia seguridad económica después de graduarse. Cuando tu deuda por préstamos estudiantiles es abultada, se vuelve más difícil postular a una hipoteca o a un préstamo para comprar un auto. Y no puedo contarte cuántos jóvenes adultos inteligentes y bien intencionados me dicen que no tenían idea de a cuánto ascenderían los pagos mensuales, y que ahora no pueden permitirse pagarlos.

Conserva una mente flexible: busca escuelas que puedas pagar, empezando, desde luego, con las universidades del sistema estatal. Una educación de calidad no depende del precio. Puedes encontrar una excelente solución para tu hijo/a y tu economía si lo conviertes en una prioridad. Consulta en Kiplinger.com y en "Tu dinero" pulsa en "Mejores valores universitarios".

LA SITUACIÓN: No tienes deuda en la tarjeta de crédito y tus ahorros de jubilación están bien encarrilados, así que quieres crear un fondo de ahorros para la educación universitaria, pero no sabes demasiado bien cuál sería la mejor inversión.

LA ACCIÓN: Un Plan de ahorro 529 es una de las maneras más fáciles e inteligentes de ahorrar para los futuros gastos de la educación universitaria. El dinero que inviertes en un plan crece con impuestos diferidos y los eventuales retiros estarán libres de impuestos si son utilizados para gastos universitarios "cualificados". Tampoco hay requisitos relacionados con los ingresos. Cualquier familia puede crear un plan 529, y las contribuciones pueden venir de los padres, abuelos, tías, tíos y amigos. Además de los planes 529, existen otras opciones de ahorro, como la Cuenta de ahorros Coverdell Educational Savings Accounts y los bonos de ahorro del Tesoro de Estados Unidos. Te recomiendo encarecidamente que visites el sitio web www.savingfor-college.com. Es de lejos el mejor sitio informativo para los padres que quieren ahorrar para los futuros gastos universitarios de su hijo/a.

LA SITUACIÓN: Has estado poniendo dinero en un plan 529 todos los meses desde que nació tu pequeño. El mercado de la bolsa estos días te da miedo, así que piensas que deberías sacar tu dinero del fondo de tu plan y ponerlo en bonos o en dinero que ofrece el plan 529. ¿Es una buena idea?

LA ACCIÓN: Nooo. Si todavía te faltan por lo menos diez años para que necesites tu dinero, tienes el tiempo a favor para superar la volatilidad del mercado bursátil. No te recomiendo dejar de invertir en acciones, ni vender las acciones cuando tienes el tiempo a tu favor. La iniciativa inteligente sería invertir más en el fondo de valores de tu plan 529. Tu dinero comprará más acciones de ese fondo cuando los precios estén bajos (como lo están ahora). Cuantas más acciones acumules ahora, más dinero ganarás cuando se recuperen. Si tu hijo/a tiene cinco años, tienes el tiempo a tu favor para esperar esa recuperación.

LA SITUACIÓN: Las grandes pérdidas sufridas en tu 529 te inquietan de tal manera que quieres cerrarlo y poner todo el dinero en una cuenta corriente segura.

LA ACCIÓN: No hagas esto porque puede tener importantes consecuencias fiscales. El dinero que dejas en un plan 529 que eventualmente se usará para pagar los gastos de la educación universitaria está exento de impuestos federales y también del impuesto estatal sobre la renta (excepto en Alabama, si tienes un plan que no sea el Alabama 529). Sin embargo, si sacas el dinero, pueden aplicarte una penalización del 10 por ciento a los beneficios de esa cuenta. Más abajo, encontrarás mis recomendaciones para la mezcla correcta de acciones y bonos en tu 529, dependiendo de la edad de tu hijo/a. Si no te agrada nada la idea de seguir invirtiendo en acciones, pon el dinero en una cuenta de valores estables dentro del plan 529.

Dicho eso, reconozco que algunos se sentirán obligados a cerrar la cuenta y retirar el dinero. Si has tenido pérdidas importantes, puede que haya una manera de deducir casi todo de tus ingresos sujetos a impuestos, pero te recomiendo que te oriente un asesor fiscal de confianza. Esta ventaja impositiva consiste en deducir las pérdidas de tu 529 como una deducción definida como miscelánea en tu declaración de la renta (aunque sólo puedes deducir esas pérdidas si superan el 2 por ciento de tus ingresos brutos ajustados). Debido a la complejidad que implica esto (sobre todo si tu estado permitía deducciones de impuesto parciales o totales sobre tus contribuciones y la evolución del impuesto mínimo alternativo) no puedo dejar de insistir en la importancia de conseguir una buena asesoría si eliges ese camino.

LA SITUACIÓN: Tu hijo/a ingresará a la universidad en dos años y tu 529 está invertido cien por ciento en acciones, de modo que has sufrido severas pérdidas caída. No sabes si deberías dejar la bolsa ahora para evitar más pérdidas.

LA ACCIÓN: Deberías haber empezado a dejar las acciones hace algunos años. Cuando a tu hijo/a le queden un par de años para ir a la universidad, ya no tendrás el tiempo a favor. Vas a tener que empezar a usar ese dinero más temprano que tarde, así que necesitas tener la seguridad de que tu dinero está a salvo en el fondo de bonos o de mercado monetario de tu plan 529. Te recomiendo desplazar lentamente el dinero de las acciones hacia los bonos, cuando tu hijo/a cumpla 14 años. Tu objetivo debería ser haber dejado completamente las acciones cuando a tu hijo/a le queden cinco años para su último año de universidad. Normalmente, esa edad es a los 17 años.

Por debajo de 14 años:	100 por ciento en acciones
14 años:	75 por ciento en acciones
15 años:	50 por ciento en acciones
16 años:	25 por ciento en acciones
17 años:	0 por ciento en acciones

Si tus asignaciones actuales superan esas referencias, te recomiendo que reequilibres tu cartera a la brevedad posible. Desearía poder decirte que esperes una buena recuperación en tu cartera, pero el tiempo no corre a tu favor. No hay ninguna garantía de que la recuperación se producirá entre ahora y el momento en que tengas que empezar a firmar los cheques para la universidad.

Aquellos que han elegido un fondo en su plan 529 que cambia automáticamente su asignación a medida que su hijo/a se acerca a la universidad deben prestar igualmente atención y entender cuánto tendrán invertido en acciones cuando su hijo/a cumpla 14, 15, 16, 17 y 18 años. He visto planes con una composición de 50 por ciento en acciones un año o dos antes de que el hijo/a vaya a la universidad. Eso es inaceptable en cualquier momento, y es especialmente riesgoso en 2009, cuando aún nos queda por ver más volatilidad en los mercados.

Si crees que tu fondo escogido tiene demasiadas acciones faltando poco para los años de universidad, te recomiendo dejar la opción de ese fondo y encontrar las mejores opciones en las acciones de bajo costo y de fondos de bonos que ofrece el plan, y poner tu dinero en estos dos fondos según la estrategia de más arriba.

LA SITUACIÓN: Tienes el tiempo a tu favor, pero después de haber visto cómo el fondo para la educación universitaria de tu hijo/a caía en picado, no puedes soportar la idea de tener toda la cartera invertida en acciones.

LA ACCIÓN: Está bien tener hasta el 20 por ciento en bonos. Una pequeña cantidad de bonos reducirá la perdida total de tu cartera en una bajada del mercado y, si eso te ayuda a comprometerte con tu inversión y te ayuda a dormir mejor, es la decisión correcta para ti.

LA SITUACIÓN: Has intentado mover el dinero del fondo de acciones de tu plan 529 y ponerlo en la opción del fondo de bonos, pero te han dicho que tienes que esperar hasta el próximo año.

LA ACCIÓN: Debes saber que una norma del IRS exige que los planes 529 limiten las intervenciones de los participantes para reequilibrar sus carteras a una sola vez al año. El motivo es que no se puede confiar en ti para que seas un inversionista paciente a largo plazo, de modo que esta norma tiene como fin impedirte cambiar el fondo universitario de tu hijo/a todos los días.

Por lo tanto, si ya has reequilibrado tu cartera para 2009, puede que tengas que esperar hasta 2010 para dejar las acciones. Debido a esta norma, es imperativo no equivocarse en la colocación de tus activos, de modo que no tengas que efectuar correcciones a mediados de año. Como he explicado más arriba, cuando tu hijo/a cumpla 14 años, tienes que empezar a modificar a la baja la parte de tu fondo universitario invertida en acciones.

LA SITUACIÓN: Tu familia no puede acogerse a la ayuda financiera (o el paquete de ayuda no es tanto como esperabas), y este año no tienes dinero para pagar las facturas de la universidad.

LA ACCIÓN: Para empezar, tienes que respirar hondo. Se que es fuente de estrés. Sé que es irritante. Pero tienes opciones. Uno de los grandes errores es creer que los préstamos federales sólo son para los estudiantes y las familias que cumplan ciertos requisitos relacionados con los ingresos. Esto es absolutamente incorrecto. Además de las múltiples modalidades de ayudas y préstamos que tienen relación con los ingresos, también hay préstamos asequibles para los estudiantes y las familias independientemente de la fortuna o los ingresos familiares. Si crees que el paquete de ayuda económica de tu universidad para 2009-2010 no es suficiente para cubrir todos los gastos, puedes agregar a esa ayuda un préstamo que no esté basado en los ingresos.

El primer paso consiste en que tu hijo/a, el futuro estudiante, postule a los préstamos Stafford subsidiados y no subsidiados. Sí, el primero que pide prestado será tu hijo/a, no tú. Los préstamos Stafford son las opciones de préstamos más baratas. Si quieres establecer un acuerdo aparte con tu hijo/a de que le ayudarás con el reembolso de los préstamos Stafford, está bien. Sin embargo, debes quitarte de la cabeza cualquier preocupación o culpa por el hecho de que sea tu hijo/a el que pide prestado primero.

Si cumples con las normas de eligibilidad basadas en los ingresos, tu hijo quizá pueda acogerse a un préstamo Stafford subsidiado (normalmente, forma parte de un paquete de ayudas que recibes de la universidad). Subsidiado significa que el gobierno federal paga los intereses del préstamo mientras tu hijo/a esté en la universidad. La tasa de interés para un préstamo subsidiado es de 6 por ciento para el año académico 2008-2009, y de 5,6 por ciento para el año académico 2009-2010. Pero hay una cosa que muchas personas no entienden, a saber, *cualquiera, independientemente de sus ingresos, puede postular a un préstamo Stafford no subsidiado.* La tasa de interés está a 6,8 por ciento y el pago de los intereses es responsabilidad del estudiante. Éste puede optar por no pagar los intereses y pedir que éstos se añadan al saldo del préstamo. He aquí una sugerencia. Si el abuelo o la abuela quieren saber cómo ayudar con la universidad, pídeles que cubran el pago de los intereses del préstamo Stafford para que su nieto/a pueda graduarse con un saldo menor del préstamo. Si eso no es una opción, tu hijo/a puede trabajar durante sus años de estudio y pagar los intereses él o ella misma.

LA SITUACIÓN: ¿Cuánto puedes pedir con un préstamo Stafford en 2009?

LA ACCIÓN: Gracias a la legislación federal de emergencia que he mencionado antes, la cantidad que puedes pedir de un préstamo Stafford (combinado, subsidiado y no subsidiado) ha aumentado

202 **PLAN DE ACCIÓN 2009 DE SUZE ORMAN**

en $2.000 al año, empezando en el año académico
2008-2009. Los alumnos del primer curso de universidad pueden pedir $5.500, los del segundo
año, $6.500; y los del tercer y cuarto año, $7.500.
Los hijos/as que no son declarados como dependientes de los padres tienen derecho a cantidades
superiores.

LA SITUACIÓN: Tu hijo/a puede optar a un préstamo subsidiado, pero necesitas más dinero.

LA ACCIÓN: Asegúrate de que tu hijo/a puede postular a un préstamo Stafford no subsidiado también. Después de obtener el máximo para un
préstamo subsidiado, tu hijo/a puede postular a
otro préstamo de $2.000 al año en un Stafford no
subsidiado. La oficina de ayudas económicas de tu
universidad debería avisarte de esto automáticamente. Sin embargo, la triste verdad es que muchas familias dejan dinero Stafford sin tocar todos
los años porque no entienden las normas de los
préstamos no subsidiados.

LA SITUACIÓN: ¿Qué hay que hacer para postular a un préstamo Stafford?

LA ACCIÓN: Hay un gran requisito para los préstamos Stafford (y la ayuda económica de las univer-

sidades). Tienes que rellenar el Free Application for Federal Student Aid (FAFSA—Postulación libre a las ayudas estudiantiles federales). Si no hay FAFSA, no hay préstamo Stafford. No es un formulario entretenido de rellenar, pero dedicar unas horas a aclarar tu situación financiera vale la pena, créeme. Consulta con la oficina de ayuda económica de la universidad. Ellos están capacitados para ayudarte a superar este proceso.

LA SITUACIÓN: Has postulado a préstamos Stafford subsidiados y no subsidiados, pero necesitas todavía más dinero.

LA ACCIÓN: Postula a un préstamo PLUS parental, otro programa federal de préstamos. En este caso, el prestatario es el padre, no el estudiante. No hay límites para los ingresos y puedes pedir hasta la totalidad de los gastos universitarios menos cualquier ayuda y otros préstamos. La tasa de interés es del 8,5 por ciento fijo para la mayoría de los solicitantes (es del 7,9 por ciento si la universidad forma parte de un programa por el cual pides directamente al gobierno federal, en lugar de utilizar un prestamista que actúe como tercera parte. Alrededor del 20 por ciento de las universidades, aproximadamente, pertenecen al Programa Federal de Préstamos Directos). Sin embargo, quiero que sepas que deberías postular a un PLUS sólo si

tu hijo/a ya ha obtenido los préstamos Stafford.
Un PLUS es un muy buen trato, pero los Stafford
son incluso mejores debido a sus tasa de interés.
Primero los Staffords. Después, los PLUS.

LA SITUACIÓN: Has postulado a un préstamo
PLUS en 2007, pero te lo negaron. ¿Deberías volver a solicitarlo?

LA ACCIÓN: Sí. Si te has informado sobre un préstamo PLUS hace unos años y no te parecieron
bien las condiciones (o si te negaron el préstamo),
te recomiendo volver a mirar para 2009. La legislación de emergencia de mayo de 2008 introdujo
algunos cambios significativos con el fin de hacer
de los préstamos PLUS una opción más viable y
económica.

Hasta el 31 de diciembre de 2009, los padres
podrán optar a un préstamo PLUS siempre y
cuando no tengan un retraso impago de la hipoteca
de su vivienda principal o de facturas médicas de
más de 180 días. Anteriormente, el límite era de
90 días o un retraso en cualquier deuda.

No hay una verificación de tu calificación
FICO para obtener un préstamo PLUS, pero tu
historial de crédito es revisado para comprobar si
hay algún registro "adverso" en tu perfil de crédito.
Las familias que se han declarado en quiebra en los
últimos cinco años no pueden optar a un préstamo

PLUS. En el pasado, también tenías que estar al día en el pago de tus otras deudas (sin incluir la hipoteca y las facturas médicas). Sin embargo, al reconocer la presión que viven las familias para salir adelante con sus gastos en esta economía turbulenta, la legislación de emergencia ha dado a los prestatarios de PLUS más facilidades y no contempla otras deudas pendientes de pago. Otra de las razones por las que prefiero un préstamo PLUS a un préstamo privado es que en caso de que los padres mueran o sufran una incapacidad permanente, se perdona la deuda. A los prestamistas privados no se les exige perdonar la deuda.

LA SITUACIÓN: Quieres suscribir un préstamo PLUS, pero sabes que no te puedes permitir reembolsarlo enseguida.

LA ACCIÓN: No te preocupes. No tienes que reembolsarlo en seguida. Otro detalle positivo de la legislación de 2008 es que los padres ya no tienen que empezar a pagar el préstamo PLUS a los sesenta días de recibir el dinero. Ahora se puede aplazar el pago hasta que tu hijo/a se gradúe. Eso significa que no tendrás que pagar el préstamo durante los cuatro años en que probablemente tendrás que utilizar parte de tus ingresos mensuales para gastos de la universidad. El aplazamiento también significa que las familias pueden hacer de los reembolsos del préstamo PLUS un asunto familiar. Legalmente, el padre es responsable del préstamo, pero si tu hijo/a ayuda a reembolsarlo, será menos pesado.

LA SITUACIÓN: Quieres ayudar con un préstamo PLUS pero te preocupa no poder cumplir con los pagos a largo plazo.

LA ACCIÓN: Antes de que te decidas a suscribir un préstamo PLUS, debes hablar seriamente con tu hijo/a acerca de cómo esperas que él/ella contribuya eventualmente a pagar el préstamo. Es una conversación franca e importante que debes tener antes de empezar la universidad. Puede que estimule a tu hijo/a lo suficiente a trabajar para ganar todo el dinero posible durante el verano (o trabajar media jornada durante los meses de clase) para crear una reserva. Puede que también vea la posibilidad de unas pequeñas vacaciones en Cabo —decididamente un "deseo", no una "necesidad"— bajo otra perspectiva.

LA SITUACIÓN: Tu hijo/a quiere que avales un préstamo estudiantil privado.

LA ACCIÓN: Olvídate de los préstamos privados y suscribe un PLUS si quieres ayudar a tu hijo/a a pagar la universidad.

Como resultado de la crisis del crédito, los prestamistas de préstamos estudiantiles se han vuelto mucho más exigentes con su dinero. Es el mismo tema que abordamos en "Plan de acción: El crédito". Los prestamistas se concentran actualmente en reducir sus riesgos. Por lo tanto, ahí donde parecía tan fácil para los estudiantes suscribir préstamos privados de decenas de miles de dólares con escasa o nula verificación crediticia por parte de los prestamistas, ahora ya no es así. En 2009 (y en un futuro previsible), los estudiantes que quieren contraer un préstamo privado deben tener una calificación FICO de al menos 680 puntos. Son pocos los adolescentes que tienen una calificación FICO. Por eso, ahora los prestamistas exigen que haya un aval del préstamo, y esa persona tiene que tener una calificación FICO solvente.

En lugar de avalar un préstamo privado, te conviene mucho más solicitar un préstamo PLUS parental y dejar claro a tu hijo/a que esperas que él/ella pague el préstamo parcial o totalmente después de graduarse. En parte, mis motivos para fiarme de un plan PLUS son un asunto simple y práctico: no será fácil conseguir un préstamo privado en 2009 si los prestamistas siguen teniendo problemas para conseguir dinero en los turbulentos mercados del crédito. Sin embargo, aunque pase la tormenta y se despejen los cielos del crédito privado, si los prestamistas empiezan a ofrecer a tus hijos préstamos privados fáciles, te recomiendo decir que no. Los préstamos PLUS suelen ser mejores opciones que los préstamos privados. Los préstamos estudiantiles privados tienen tasas variables, y esas tasas pueden ser entre 1 por ciento y 10 por ciento superiores a un índice de referencia. Aunque inicialmente puedas postular a una tasa de interés competitiva (necesitarás una calificación FICO superior a 720, inténtalo), corres el riesgo de sufrir las futuras alzas de las tasa de interés. Yo me quedo con la tasa de interés fija de 8,5 por ciento del préstamo PLUS, muchas gracias.

LA SITUACIÓN: Acabas de perder tu trabajo y no estás en una posición para ayudar a tus hijos a pagar la matrícula universitaria. ¿Qué puedes hacer?

LA ACCIÓN: Ponte inmediatamente en contacto con la oficina de ayudas económicas que hay en cada universidad e infórmales que te han despedido. Puede que haya más dinero —ayudas o préstamos— dependiendo del cambio de tus condiciones económicas. Sin embargo, quiero que sepas una cosa. Ninguna universidad es un saco sin fondo, y la triste realidad es que muchas universidades (sobre todo las universidades públicas) también empiezan a vivir apuros económicos. Sin embargo, hay probabilidades de que obtengas alguna ayuda adicional de la universidad. Y, para insistir: Asegúrate de que tu hijo ha utilizado al máximo las posibilidades de todos los préstamos Stafford. Con una tasa de interés máxima fijada en un 6,8 por ciento, es un préstamo universitario que puedes permitirte.

También puedes obtener un préstamo PLUS, suponiendo que estés al día en el pago de tus cuentas, y puedas aplazar el pago hasta que tu hijo/a se gradúe. Para entonces, deberías haber conseguido otro empleo y tu hijo/a también podrá contribuir al reembolso del PLUS. Quiero dejar las cosas muy claras en este punto: debes limitar lo que pides prestado a lo que realmente puedes pagar. Te recomiendo visitar el sitio web del College Board y utilizar su calculadora *online* para saber cuánto te costará rembolsar los préstamos PLUS que suscribes hoy: http://apps.collegeboard.com/fincalc/parpay.jsp. Es muy importante que hagas este ejercicio pensando en el nuevo compromiso de honestidad. Si no podrás cumplir con el reembolso, no suscribas el préstamo.

Si lo mejor para ti, honestamente, es no contraer deudas, no debes reprocharte no poder seguir pagando la universidad. Quisiera poder decirte que hagas "todo lo necesario" para mantener a tus hijos/as en la universidad. Pero no tengo la costumbre de traficar con los deseos. Más bien, me concentro en las medidas realistas que debes adoptar para asegurar tu seguridad económica a largo plazo. Por lo tanto, he aquí lo más importante en estos difíciles tiempos para la economía: puede que tengas que decirle a tu hijo/a que no puedes seguir pagando la universidad ahora que ha cambiado tu situación económica. Si eso significa que tu hijo/a debe trasladarse a una universidad más barata o tomarse un año para juntar dinero y cubrir él mismo los gastos, eso es lo que hay que hacer.

Sé que es muy difícil pensar en estos términos, pero los tiempos duros exigen soluciones duras. Contraer deudas que no podrás pagar no es una medida inteligente. En el mundo actual, con un panorama económico tan gris, no deberías cargarte con más de lo que puedes manejar.

LA SITUACIÓN: Estás a punto de graduarte y dudas que tengas un empleo que te pague lo suficiente para cubrir el pago de tu préstamo estudiantil.

LA ACCIÓN: Si tienes préstamos federales, hay diversos programas a los que puedes acogerte y que pueden tener condiciones de reembolso más favorables. Y a partir de julio de 2009, también se introducirá un nuevo plan de reembolso para los préstamos estudiantiles federales (aunque no para los préstamos PLUS). Con el Income-Based Replacement Plan (Plan de reembolso dependiente de los ingresos) los reembolsos serán asequibles para alumnos que siguen una carrera en un sector tradicionalmente menos remunerado, como la enseñanza y los servicios públicos. Lo mejor que puedes hacer es presentarte a la entrevista en la oficina de ayudas económicas y enterarte de tus opciones.

Lo peor que puede hacer cualquier recién graduado es suponer que puede "ocultar" o "ignorar" su deuda con el préstamo estudiantil hasta que haya conseguido un empleo y tenga el flujo de caja para efectuar los pagos. Es un error descomunal. Si dejas de pagar tu préstamo estudiantil, arruinarás tu perfil crediticio. Tienes que entender que los préstamos estudiantiles son deudas, y si no pagas tus deudas, el informe irá a las oficinas de calificación. Antes de que puedas decir "Ay, estoy acabado", tendrás una calificación FICO por debajo de 700 puntos. En mi manual, nunca está bien tener una calificación FICO baja, pero en 2009 sería abiertamente una tontería. Sí, has leído bien, una tontería. En el pasado, aunque tuvieras una pésima calificación FICO, podías conseguir lo que querías. El único problema es que tendrías que pagar más caro por todo, por ejemplo, un depósito más alto por el teléfono celular, o una tasa de interés más alta por un préstamo para autos. En 2009, por el contrario, una pésima calificación FICO significa grandes problemas. Los prestamistas, los propietarios de viviendas de alquiler, incluso los empleadores, sencillamente no querrán hacer negocios contigo. En un mundo donde todos intentan minimizar sus riesgos, una pésima calificación FICO te marca como un usuario de alto riesgo.

Y para que lo entiendas de una vez por todas: Aunque te declares en quiebra, en la mayoría de los casos no se te perdonará la deuda de tu préstamo estudiantil. Se trata de una deuda de la que no puedes desentenderte.

LA SITUACIÓN: El mercado laboral está muy mal y no puedes encontrar un empleo, aunque tengas un flamante título. No tienes idea de cómo podrás empezar a rembolsar tus préstamos estudiantiles.

LA ACCIÓN: Con los préstamos federales, puedes postular a un aplazamiento por desempleo. Si trabajas menos de treinta horas a la semana, no tendrás que empezar a pagar los reembolsos. Sin embargo, no olvides que hay que postular a dicho aplazamiento. Si sencillamente dejas de pagar, empezará a reflejarse en tus informes de crédito como un impago. Si tienes un préstamo federal subsidiado, los intereses no se seguirán acumulando durante el aplazamiento. Si tu préstamo no es subsidiado, el interés contará. En tu oficina de ayudas económicas podrán explicarte todas tus opciones de reembolso de un préstamo federal. También puedes encontrar ayuda en el sitio web finaid.org.

LA SITUACIÓN: Te has graduado teniendo deudas de diversos préstamos estudiantiles y te preguntas si deberías consolidarlos o no.

LA ACCIÓN: Consolidar tus préstamos federales es una medida inteligente. La principal ventaja es que puedes juntar todos tus préstamos de tus cuatro años en la universidad en un mega-préstamo que sólo requiere un pago mensual. Es probable que esto mantenga en buenas condiciones a tu calificación FICO porque te resultará más fácil manejarte con un solo pago.

La tasa fija de consolidación para todos los préstamos Stafford concedidos después del 1 de julio de 2006 es del 6,8 por ciento.

LA SITUACIÓN: Te has graduado con préstamos estudiantiles privados. ¿Puedes consolidarlos y aplazar los pagos?

LA ACCIÓN: Con los préstamos estudiantiles privados tus opciones son limitadas. Te encuentras fundamentalmente al arbitrio de la política de reembolso de tu prestamista, y a éstos no se les exige conceder aplazamientos. Es un asunto que queda enteramente a su discreción. Además, la crisis financiera ha casi cerrado del todo el mercado de consolidación de los préstamos privados. En este momento, ese mercado está prácticamente cerrado para prestatarios privados.

UN RESQUICIO DE ESPERANZA: *El plan de rescate de $700.000 millones aprobado por el Congreso en octubre de 2008, reinstauró unos incentivos fiscales a las universidades que habían expirado. En 2009 podrás deducir hasta $4.000 en la matrícula y los gastos universitarios, y si tus ingresos son inferiores a $65.000 como declarante único (puedes tener una deducción de $2.000 si tus ingresos oscilan entre $65.000 y $80.000) y de $130.000 para las parejas casadas que presentan declaración conjunta (tienes una deducción de $2.000 para ingresos entre $130.000 y $160.000). Puedes pedir esta deducción aunque no presentes una declaración detallada.*

9

La protección familiar y personal

La nueva realidad

Tu empleo peligra. No tiene nada que ver con tu talento ni con el respeto que te tienen, ni con el hecho de que tus últimos tres informes han sido excelentes. Tu empleo peligra por motivos que no tienen nada que ver contigo. La doble mala sombra de la crisis del crédito y de la economía en recesión aumenta las probabilidades de que las empresas se vean obligadas a recortar sus gastos, lo cual podría llevar a la reducción de la plantilla de personal. En este panorama, no basta con sólo esperar que a ti no te despidan. Tienes que adoptar medidas hoy para asegurarte de que tu familia podrá seguir adelante sin importar lo que ocurra con tu empleo en 2009. Eso significa ase-

215

gurarte de que tienes ahorros para pagar las facturas en lugar de seguir alimentando la deuda de tu tarjeta de crédito o usar el dinero de tu cuenta de jubilación. También implica tener un seguro médico, pase lo que pase, y un plan para conseguir tu próximo empleo.

Es importante entender que, aunque no se hubiera desatado la crisis financiera, 2009 prometía ser un año difícil para la economía. Nuestra economía tiene un carácter cíclico, con periodos de fuerte crecimiento y periodos de crecimiento más lento. El crecimiento lento siempre es parte de la ecuación. No hay manera de evitarlo del todo. Pero se trata de que cuando se produzca, ojalá sea un golpe suave, no demoledor. En el mundo perfecto de un economista, lo que vivimos es una ralentización ordenada a partir de un periodo de crecimiento más rápido, hacia un crecimiento más lento que, al cabo de un tiempo de transición, se convierte en un periodo de crecimiento aún mayor. Sin embargo, la vida real no tiene nada de ideal. Si, al contrario, la economía se detiene de golpe —de hecho, algo conocido como aterrizaje forzoso— podemos encontrarnos en una recesión, es decir, un periodo en que la economía no se limita a cambiar a un crecimiento más lento sino que, en realidad, se contrae. Cuando eso ocurre, las pérdidas de empleo pueden ser muy importantes ya que las empresas despiden personal para recortar los gastos.

Los incesantes problemas creados por la crisis financiera parecen haber arruinado nuestra posibilidad de un aterrizaje más suave en 2009. A menos que los bancos vuelvan a prestar dinero, las empresas que ya se estaban preparando para una ralentización sufrirán problemas aún más graves. Todas las empresas, desde la pequeña compañía de diez empleados hasta General Electric, dependen del crédito.

El crédito a largo plazo ayuda a las empresas a pagar gastos y mantiene el flujo de los productos mientras se espera que los clientes paguen sus facturas, y permite a las empresas financiar proyectos de expansión a más largo plazo. Los créditos a largo plazo son otra manera fundamental de las empresas para crecer. Si quieres construir una nueva planta o ampliar tu línea de negocios, necesitas dinero para pagar esa expansión antes de que puedas ganar dinero con ese nuevo negocio. Cuando las empresas no pueden pedir dinero prestado, se reduce notablemente su capacidad de expansión. Sin créditos de corto plazo o de largo plazo, las empresas tendrán el doble de dificultades para superar la ralentización económica. No pretendo decir que tenemos garantizado un aterrizaje duro y en profundidad en 2009. Sin embargo, es sin duda una posibilidad si las empresas no pueden conseguir crédito. Y, reconozcámoslo: el año 2009 no será un gran año para los gastos de consumo. El consumo ha sido el motor de gran parte de nuestro crecimiento económico en los últimos años, pero tú y yo sabemos que en 2009 piensas gastar menos y ahorrar más.

Lo que sí sé con certeza es que en tiempos como éstos, mi frase: "espera lo mejor, prepárate para lo peor" es más acertada que nunca. No puedes impedir que vengan malos tiempos, pero puedes impedirles que diezmen tu seguridad económica. Hay iniciativas que tienes que tomar ahora para asegurarte de que, pase lo que pase "allá afuera", este año tu familia estará protegida.

Qué tienes que hacer en 2009

- Crear una cuenta de ahorros sustancial hoy para no tener problemas en caso de que te despidan.
- No prescindas —repito, no prescindas— de un seguro médico.
- Busca un seguro médico privado en caso de que te despidan. Suele ser más barato que COBRA.
- Compra un seguro de vida de precio asequible si alguien depende de tus ingresos.
- Asegúrate de que tienes todos los documentos testamentarios en orden.

Tu Plan de acción para 2009:
La protección familiar y personal

LA SITUACIÓN: Te preocupa que puedas perder tu empleo en 2009.

LA ACCIÓN: Prepárate para ello. Mientras escribo estas líneas, la tasa de desempleo ya ha subido de menos del 5 por ciento en 2007 a 6,5 por ciento en octubre de 2008. Si de verdad tenemos un aterrizaje duro, no me sorprendería ver que el desempleo crece hasta el 8 por ciento o incluso el 9 por ciento.

La mejor manera de proteger a tu familia es saber que todavía podrás pagar tus facturas mientras buscas un empleo nuevo. Debido a la debilidad de la economía, podrías tardar más de lo que imaginabas. Por eso es imperativo crear un fondo de ahorros de emergencia con qué cubrir los gastos corrientes de tu familia durante ocho meses. Sé que es mucho dinero, pero tienes que empezar a ahorrar todo lo que puedas ahora mismo. En "Plan de acción: Los gastos", he expuesto las medidas que tú y tu familia tienen que adoptar para limitar los gastos con el fin de contar con más dinero para colocar en una cuenta de ahorro.

Y si pasaste por los planes de acción para el crédito y la propiedad inmobiliaria sin leerlos, quiero asegurarme de que estés al corriente de que quizá no podrás usar tu tarjeta de crédito ni una línea de crédito sobre el valor de tu vivienda para pagar las facturas de tu familia en caso de que te despidan. Los prestamistas no están de humor para prestar dinero en los días que corren. No puedo dejar de insistir: para estar verdaderamente seguro en 2009, debes tener ahorros apartados.

También te recomiendo empezar a buscar trabajo enseguida, mientras todavía tienes tu actual empleo. Investiga como loco, asiste a conferencias de tu ramo industrial y mira las ofertas de empleo en tu campo. Si se menciona cualquier capacidad específica de la que no estás al día, recibe formación en ello lo antes posible. En una economía que funciona a ritmo lento, las empresas no contratarán a alguien que sólo satisface el 80 por ciento de sus necesidades. Tienen un contingente tan grande de donde escoger que pueden encontrar a la persona que satisface el 100 por ciento de sus necesidades. Asegúrate de que esa persona seas tú.

LA SITUACIÓN: Supones que si te despiden podrás arreglarte con los subsidios del desempleo.

LA ACCIÓN: Todavía tendrás que complementar ese dinero con tus propios ahorros. La realidad es que tu máximo subsidio de desempleo normalmente remplazará menos del 50 por ciento de tu antiguo salario. Por otro lado, hay un límite a esos pagos: 26 semanas es el tiempo habitual de duración del subsidio de desempleo. En tiempos económicos difíciles, puede que el Congreso amplíe ese plazo otras 13 semanas (el desempleo es un asunto manejado por cada estado, basándose en normas generales establecidas por una ley federal).

LA SITUACIÓN: Si pierdes tu empleo, piensas usar tu tarjeta de crédito o una HELOC para cubrir tus gastos.

LA ACCIÓN: En 2009 tienes que tener dinero colocado en una cuenta de ahorros normal o en un fondo de mercado monetario. Puede que las líneas de crédito de las que dependías en el pasado no estén disponibles este año. Sin tus propios ahorros, podrías enfrentarte a una grave crisis de efectivo en caso de que te despidan y no tengas como pagar las facturas.

He aquí lo que debes entender. Los prestamistas van un paso por delante de ti. A ellos también les preocupa que pierdas tu empleo en 2009, y ellos no son tontos. Saben que si eso ocurre, usarás tu tarjeta de crédito o tu HELOC para pagar las facturas. Y puesto que no tienes un empleo, eso aumenta la probabilidad de que no puedas mantenerte al corriente en los pagos de ese dinero prestado. Eso es muy perjudicial para sus negocios, y digamos que, en este momento, se muestran muy sensibles debido a la situación incierta en que ya se encuentran. Para mitigar este problema, los prestamistas han empezado a recortar las cantidades que prestan a sus clientes. Las tarjetas de crédito se están cancelando, y lo mismo sucede con las HELOC.

Si todavía no has visto la modificación en tus líneas de crédito, no creas que podrás pasar sin problemas porque tienes una brillante calificación FICO y un sólido historial de crédito. Si de pronto empiezas a dejar un saldo en tu tarjeta de crédito o si usas una línea HELOC que abriste hace tres años, activarás las alertas del prestamista, y es muy posible que veas desaparecer tus líneas de crédito, justo cuando más las necesitas. La única alternativa segura en 2009 es tener dinero guardado en una cuenta de ahorros.

LA SITUACIÓN: Piensas hacer retiros anticipados de tu 401(k) si te despiden y no puedes pagar tus facturas.

LA ACCIÓN: Intenta por todos los medios posibles no tocar tus ahorros para la jubilación. Lo que parece una medida razonable para ayudarte a superar los problemas hoy arruinará tu seguridad a largo plazo. Necesitas ese dinero para la jubilación. Gástalo hoy y tendrás menos mañana. Y no me digas que de eso te preocuparás mañana, o que aumenta-

rás tus ahorros cuando tengas otro empleo. Hasta
las mejores intenciones de reponer los retiros pueden darse de bruces con la dura realidad. Puede
que tu próximo empleo no te pague lo suficiente
para ahorrar y reponer tu retiro anticipado. (Dicho eso, si sientes que no te quedan opciones y tienes que usar tus fondos de jubilación para
arreglártelas, te sugiero que leas mis consejos en
"Plan de acción: Las inversiones para la jubilación", para saber cómo puedes retirar dinero de tu
401(k) sin tener que pagar la penalización del
10 por ciento normalmente aplicada a los retiros
anticipados.)

Hay una medida importante que te pido que lle-
ves a cabo con tu 401(k) en caso de que te despidan en 2009. Traspasa el dinero a una cuenta IRA
en una empresa de corretaje o de fondos mutuos.
Como he explicado en "Plan de acción: Las inversiones para la jubilación", traspasar tu dinero a
una cuenta IRA te da acceso a los mejores fondos
mutuos y ETFs de bajo costo, en lugar de limitarte
a las opciones de inversión de tu 401(k). Y debido
a la fuerte caída de los mercados, si cumples los requisitos para traspasar tu dinero a una cuenta Roth
IRA, gozarás de importantes ventajas fiscales en
2009.

LA SITUACIÓN: No tienes dinero para guardar y
ahorrar.

LA ACCIÓN: Tómate con seriedad lo de encontrar maneras de encontrar verdaderas fuentes de ahorro... ahora mismo. Esto no es negociable. Tienes que crear una reserva de ahorros. En "Plan de acción: los gastos", he explicado que tú y tu familia pueden (y deben) adaptarse a la nueva realidad de 2009 y encontrar maneras de disminuir tus gastos (o aumentar tus ingresos) de modo que tengas dinero para invertir en objetivos económicos importantes. Y en 2009 no hay nada más importante que crear un fondo de ahorros de emergencia que pueda sostener a tu familia durante ocho meses.

LA SITUACIÓN: Renunciaste a la cobertura del seguro médico a través de tu empresa en 2009 porque era demasiado caro y porque gozas de buena salud.

LA ACCIÓN: Contrata un seguro ahora. Si no lo puedes conseguir con tu empresa, busca tu propia póliza. No me importa lo sano que estés hoy. Es mañana lo que me preocupa, y tú y yo sabemos que un accidente grave o enfermedad repentina siempre es posible. Recuerda: espera lo mejor, prepárate para lo peor. Debes entender que muchas familias que se han declarado en quiebra lo hicieron porque les era imposible pagar facturas médicas imprevistas. Tener un seguro médico disminuye tu carga económica si alguien de tu familia cae enfermo o sufre un accidente. Ahora bien, la verdad es que el seguro no te protege totalmente de la quiebra. La triste verdad es que incluso las personas con seguros acaban en la quiebra, debido al elevado gasto de los copagos y a otros gastos que no están cubiertos. Sin embargo, el seguro te ofrece una cierta protección, mientras que sin seguro no tienes ninguna protección.

Entiendo que es caro. Las empresas han aumentado las cargas a los empleados por su cobertura. Eso puede implicar primas más altas, copagos más elevados o recortes en el alcance de la cobertura. Esto sucede porque los costos del seguro médico están aumentando a un ritmo acelerado y a las empresas se les presiona para que carguen con los costos, y también porque las empresas sienten la presión para aumentar los ingresos (o minimizar las pérdidas). Cargar los costos de los beneficios a los empleados alivia la línea de flotación de las empresas.

Independientemente de su costo, tienes que tener algún tipo de seguro. Si tu antiguo plan es demasiado caro, deberías buscar opciones más baratas dentro del plan. La verdad es que debido a que renunciaste a la cobertura durante el periodo de inscripción, que normalmente es en otoño, puede que no te dejen volver a tener cobertura hasta el próximo periodo de inscripción. (Hay ciertas excepciones que se aplican a los empleados nuevos y a empleados que han vivido una realidad que les ha cambiado la vida, como un divorcio o un cambio de empleo; consulta con tu departamento de recursos humanos.) Si eso es lo que ocurre, te sugiero que busques una cobertura a corto plazo en un plan privado hasta que puedas volver a postular al plan de tu empresa.

LA SITUACIÓN: Quieres esperar y ver qué opciones tienes si en Washington se aprueba una reforma de atención médica en 2009.

LA ACCIÓN: No esperes a que Washington te salve. Necesitas una protección, y la necesitas ahora. Podrían pasar meses o años antes de que se apruebe cualquier legislación significativa, suponiendo que se apruebe alguna ley. Por otro lado, es poco probable que cualquier reforma radical entre en vigor inmediatamente. Normalmente, hay un periodo de transición de varios meses. Entre tanto, necesitas un seguro. Ya podrás dejarlo cuando tengamos una reforma. Ésa es una de las cosas buenas del seguro médico. Pagas una prima mensual en lugar de pagar una prima anual. Eso te permite dejar la cobertura cuando quieras.

LA SITUACIÓN: No sabes dónde encontrar un seguro médico al alcance de tus posibilidades.

LA ACCIÓN: Consulta en ehealthinsurance.com, el recurso más potente que hay en el Internet para consultas sobre seguros médicos. Si prefieres trabajar con un agente, la National Association of Health Underwriters (nahu.org) tiene una herramienta en línea para darte los datos de agentes que ayudan a sus clientes a encontrar pólizas individuales de seguro médico. Mientras buscas, piensa que el plan colectivo en tu antigua empresa probablemente comprendía un menú bien surtido de coberturas amplias (entre las cuales salud mental y subsidios de maternidad, cobertura de medicamentos con receta, etc.) que quizá no necesites. Busca una póliza que ofrece sólo la cobertura específica que necesitas para pagar una prima lo más barata posible.

LA SITUACIÓN: Te han despedido y no puedes pagar las tasas COBRA para el seguro médico de tu empresa.

LA ACCIÓN: Busca un seguro médico más barato. Lo importante es que no debes, por ningún motivo, carecer de seguro médico. No puedes permitirte no estar asegurado. ¿Qué pasaría si, de pronto, alguien de tu familia enfermara o sufriera un grave accidente en 2009? Ehealthinsurance.com ha creado un sitio web específicamente para personas que han sido despedidas de su empleo. Encontrarás una calculadora que te ayudará a ver el costo de seguros alternativos a COBRA: www.ehealthinsurance.com/ehi/healthinsurance/cobra-learning-center.html.

LA SITUACIÓN: Te preguntas si deberías conservar el seguro médico que tenías con tu antigua empresa o buscar un plan privado.

LA ACCIÓN: En muchos casos, un plan privado será menos caro que permanecer en el plan de tu empresa. He aquí lo que tienes que saber: a todas las empresas con más de veinte empleados que ofrecen seguro médico, las normas del plan federal COBRA les exigen que permitan a los empleados despedidos permanecer en el plan de la empresa durante 18 meses. Hay un solo problema. El empleado debe costear el 100 por ciento del plan, y debe añadir un 2 por ciento adicional para cubrir gastos de administración. Esto no es lo mismo que el 100 por ciento de tu prima normal cuando estabas contratado, sino el 100 por ciento del costo total, incluyendo las contribuciones de tu empresa al seguro. Por lo tanto, puede que eso sea mucho más de lo que pagabas como empleado.

LA SITUACIÓN: Te han despedido y sufres de una enfermedad preexistente. Te preocupa no cumplir los requisitos para un plan privado o que será demasiado caro.

LA ACCIÓN: Permanece en el plan de la empresa a través de COBRA, pero contrata un seguro privado para tu familia. Suponiendo que tu familia goce de buena salud, el costo de un plan de seguro privado para ellos será inferior a lo que significaría mantener su cobertura en el COBRA.

Al mismo tiempo, encuentra a un corredor de seguros médicos con amplia experiencia con clientes que sufren de enfermedades preexistentes. (Consulta nahu.org para encontrar una lista de agentes en tu zona.) Diferentes seguros tienen diferentes pólizas. Te sugiero consultar con alguien que sepa buscar hasta encontrar un plan que te convenga. Si no puedes contratar una póliza privada, puede que tengas que postular a la cobertura que ofrece cada estado. A menudo, esto puede ser muy caro, así que decididamente debe ser usado como un último recurso. Puedes encontrar enlaces de tu departamento de seguros estatales en naic.org (National Association of Insurance Commissioners).

LA SITUACIÓN: Te han dicho que tu estado no ofrece cobertura a todos los residentes.

LA ACCIÓN: Permanece en el plan COBRA todo el tiempo posible, y confía en que los legisladores introducirán una reforma de la atención médica. Lamento decir que, en efecto, hay muchos estados que no cuentan con una cobertura de último recurso disponible para residentes que no cumplen los requisitos para una póliza individual privada. Sólo cinco estados (Maine, Massachusetts, New Jersey, New York y Vermont) tienen programas que ofrecen un seguro garantizado en todo momento y a todos los residentes. En Rhode Island, North Carolina y Virginia (y, en algunos casos, en Pennsylvania), puede que consigas una cobertura de último recurso si te han rechazado las pólizas privadas. Ponte en contacto con la oficina del comisionado para seguros médicos de tu estado y averigua qué te ofrecen donde tú vives. O consulta las opciones de seguros médicos de tu estado en www.coverageforall.org.

LA SITUACIÓN: Has perdido tu empleo, y el único empleo nuevo que te han ofrecido no tiene cobertura médica.

LA ACCIÓN: No bases tu búsqueda de un empleo en la cobertura médica. Acepta el empleo y busca tu propia póliza individual o continúa en el plan de tu antigua empresa a través de COBRA. Sin embargo, tienes que optar por la cobertura COBRA en un plazo de sesenta días después de que te notifiquen que puedes contratar un COBRA. Si ya ha pasado más tiempo, has perdido tu derecho de permanecer en el plan de tu antigua empresa.

LA SITUACIÓN: Te han despedido y quieres volver a la universidad para cambiar de profesión.

LA ACCIÓN: Consigue un empleo. La universidad puede esperar. Soy absolutamente partidaria de cambiar de profesión (pasé mis primeros siete años después de la universidad trabajando de camarera), pero siempre tengo mis sospechas cuando alguien a quien acaban de despedir de su empleo me dice que quiere volver a la universidad. Se convierte en una bonita manta de seguridad para arroparte con ella, en lugar de lidiar con un mercado laboral duro. Sin embargo, si no has pensado bien en cuál será tu nueva profesión y no has elaborado un plan económico para pagar la universidad, se convierte en una pésima idea. ¿De qué vas a vivir cuando vuelvas a la universidad? No creas que puedes tocar tu plan de ahorros de emergencia. Es para emergencias, y volver a la universidad no es una emergencia, sino una opción. ¿Piensas pedir un préstamo? De acuerdo, pero, repito la pregunta: ¿De qué vas a vivir cuando vuelvas a la universidad? ¿De las tarjetas de crédito? Eso nunca es buena idea y, en el "Plan de acción: El crédito", he explicado que quizá ni siquiera sea posible en 2009.

Un cambio de profesión podría ser una de las mejores decisiones que jamás hayas tomado, pero requiere una detallada planificación. Creo que tienes que centrarte en conseguir otro empleo hoy, aunque sólo sea por un año o más, mientras planificas detalladamente tu nueva profesión y aumentas tus ahorros para permitirte volver a la universidad.

LA SITUACIÓN: Te han despedido después de veinte años en la misma empresa. Te resulta difícil encontrar un empleo nuevo con el mismo sueldo y nivel de responsabilidad.

LA ACCIÓN: Sé realista. Lo que hacías en tu antiguo empleo es casi irrelevante. Lo que verdaderamente importa es qué están dispuestas a pagar las empresas por el empleo que te ofrecen hoy. Para las personas que han trabajado mucho tiempo en una sola empresa es un concepto difícil de aceptar. Sin embargo, tiene una importancia vital, sobre todo porque es posible que el mercado laboral se vuelva más difícil en 2009.

Las personas que han trabajado en una empresa muchos años quizá hayan desarrollado capacidades especiales, propias de esa empresa o industria, y quizá eran bien remunerados por esas capacidades. Pero no hay ninguna garantía de que tu próximo empleador necesite esas capacidades ni de que las valore tanto como tu antigua empresa. No son tiempos de bonanza. No puedes fijar tu precio y luego esperar pacientemente a que se presente la próxima oferta. En tiempos difíciles, aceptarás la mejor oferta disponible y agradecerás tener un empleo que te permite mantener a tu familia. Si eso significa que tu familia se las tiene que arreglar con unos ingresos menores, pues, ésa es otra de las realidades que tenemos que enfrentar en 2009. En "Plan de acción: Los gastos", tengo unos cuantos consejos sobre cómo las familias pueden sacar más de menos.

LA SITUACIÓN: Has recibido un paquete de indemnización de cuatro meses y piensas tomarte dos meses libres para relajarte y reorganizarte antes de empezar a buscar empleo.

LA ACCIÓN: En tu lugar, yo no haría eso. Está bien tomarse un par de semanas para quitarte la tensión de encima. Pero si piensas en el parón de la economía, tendrías que empezar la búsqueda de empleo más temprano que tarde. Es posible que te lleve mucho más tiempo de lo que habías pensado.

LA SITUACIÓN: Tienes seguro de vida a través de tu empresa. ¿Qué pasará contigo si te despiden?

LA ACCIÓN: Independientemente de que te despidan o no, te recomiendo tener tu propia cobertura. Nunca he recomendado depender del seguro de vida auspiciado por las empresas. Si tu empresa ofrece una cobertura gratis, lo más probable es que estés sin seguro. Los seguros de vida ofrecidos por las empresas suelen ser el equivalente de una o dos veces tu salario anual. Yo recomiendo que la cobertura sea de diez a veinte veces para dar plena protección a tu familia. Aunque contrates un seguro adicional, a través de tu empresa, a menudo será más caro de lo que puedes conseguir por ti mismo. Eso se debe a que pagas una tasa de grupo que comprende a todos los empleados, viejos, jóvenes, sanos y no tan sanos.

Otro de los problemas es que cuando te despiden, a la larga (en un plazo de dieciocho meses) tienes que convertirla en una póliza propia. Y no hay ninguna garantía de que el asegurador que te ofrecía una cobertura de grupo te ofrecerá una póliza individual o la póliza menos cara.

LA SITUACIÓN: No has comprado un seguro de vida porque no te lo puedes permitir.

LA ACCIÓN: Si en tu vida hay personas que dependen de alguna manera de los ingresos que tú generas, no te puedes permitir no tener un seguro de vida. Hablando muy en serio, ¿qué ocurrirá con ellos si mueres prematuramente? Ya se trate de hijos pequeños, padres ancianos que requieren ayuda económica, o un hermano al que ayudas, si no tienes suficientes activos de los que puedan vivir esas personas dependientes, necesitas un seguro de vida.

Creo que también te llevarás una sorpresa al ver lo notablemente económicos que son los seguros de vida a término. Una póliza de veinte años de $1 millón para una mujer sana de cuarenta y cinco años podría costar menos de $125 al mes.

LA SITUACIÓN: No sabes si deberías contratar un seguro de vida a término o un seguro vitalicio.

LA ACCIÓN: Para la mayoría de nosotros, un seguro de vida a término es suficiente.

Como su nombre implica, el seguro a término es una póliza con una duración específica, llamada el término. Si tú falleces durante el término, tus beneficiarios reciben los beneficios por muerte de parte de la empresa de seguros. Y he aquí lo que tienes que saber: Lo más probable es que sólo tengas una necesidad temporal del seguro de vida. Necesitas un seguro mientras tus hijos sean pequeños y dependientes de ti. Cuando sean adultos, serán económicamente independientes. Necesitas un seguro de vida si todavía tienes que crear otros activos (patrimonio inmobiliario, inversiones para la jubilación) que mantendrán a tus dependientes cuando fallezcas. Una vez tengas esos activos a tu favor, es menos probable que el cónyuge o pareja que te sobrevive necesite los ingresos de una póliza de seguro en la eventualidad de que tú fallezcas primero.

Muchos corredores de seguro te dirán que el seguro a término no es suficiente. Te dirán que te conviene una póliza permanente que no expira nunca. Las pólizas permanentes o vitalicias vienen en diferentes sabores: de vida entera, vida universal y vida variable. Repito: si tu necesidad de un seguro es pasajera, pongamos, hasta que el menor de tus hijos haya terminado los estudios universitarios, no necesitas de ninguna manera una póliza permanente. Y gastarás decenas de miles de dólares más e innecesariamente en una póliza permanente que en una póliza a término.

LA SITUACIÓN: No sabes cómo buscar para comprar un seguro de vida a término.

LA ACCIÓN: Puedes buscar en el Internet, selectquote.com y accuquote.com se especializan en clientes que necesitan un seguro a término. Te pe-

dirán que rellenes un formulario muy largo sobre
tus ingresos y activos, así como de tus gastos y deudas. Cuánto seguro de vida necesitas depende de
esos datos. Si quieres estar absolutamente seguro
de que tu familia estará bien en el plano económico
si mueres prematuramente, yo pensaría en contratar una póliza con un beneficio por muerte equivalente a veinte veces los ingresos de tu familia en un
año. Es más del doble de lo que recomiendan muchos agentes de seguro. Es verdad que puedes dar
una gran ayuda a tu familia con una cobertura más
pequeña, pero te pido que pienses en veinte veces
para tener la máxima tranquilidad. Si tus beneficios por muerte son veinte veces las necesidades
anuales de tu familia, ellos pueden cobrar la indemnización e invertir en bonos conservadores
(como bonos municipales garantizados) y vivir del
principal. Si tu beneficio por muerte es menor, a la
larga se verán obligados a gastar el principal y eso
reducirá notablemente la duración del dinero.

LA SITUACIÓN: Tienes una póliza de un seguro
de vida a término, pero temes que tu compañía
aseguradora quiebre.

LA ACCIÓN: Tu departamento de seguro estatal te
protegerá. El departamento de seguro supervisa una
asociación de garantías estatal que ofrece cobertura
(hasta los límites establecidos por la legislación esta-

tal) para tenedores de pólizas de aseguradoras con licencia para operar en su estado. En el caso de los seguros de vida, la asociación de garantías y el comisionado de los seguros estatales procurarán que una empresa de seguros sana absorba las pólizas, de manera que no notes el cambio. Puedes averiguar cómo funciona el sistema de garantías estatal en tu estado visitando el sitio web de la National Organization of Life & Health Insurance Guarantee Associations: http://www.nolgha.com/policyholderinfo/main.cfm.

LA SITUACIÓN: No puedes dormir por la noche porque te preocupa mucho cómo será el mundo en que vivirán tus hijos.

LA ACCIÓN: Concéntrate en lo que puedes controlar. Asegúrate de haber protegido a tu familia teniendo todos los documentos de planificación testamentaria al día.

Sé que son tiempos difíciles, y da mucho qué pensar cuando se trata de saber cuánto tardarán Estados Unidos y la economía global en recuperar la salud económica. Sin embargo, tengo la confianza de que con el tiempo nos volveremos a poner de pie. Para invocar la analogía que hice en el primer capítulo del libro, en este momento nos encontramos en la UCI pero, con el tiempo, nos habremos recuperado totalmente.

Lo que siempre me impresiona es que a menudo

las personas que se preocupan por el destino de nuestra economía no protegen a su propia familia. Tengo que advertirte que el mayor riesgo para tu familia no es lo que sucede con el PNB en los próximos dos trimestres, sino cuánto te has preparado para mantener a tu familia en caso de que enfermes o fallezcas.

LA SITUACIÓN: No estás seguro de qué documentos testamentarios necesitas.

LA ACCIÓN: Necesitas un fideicomiso en vida revocable con una cláusula de incapacidad y, además, un testamento. Un testamento solo no basta. Te sugiero, además, tener un fideicomiso en vida revocable. Y necesitas dos poderes notáriales duraderos, uno para la atención médica y otro para las finanzas. Un poder notarial designa a alguien en quien confías para que se ocupe de tus asuntos en caso de que tú estés incapacitado para hacerlo. Tu poder notarial de atención médica será tu "voz" en las decisiones médicas si tú estás incapacitado para hablar por ti mismo, y el poder notarial financiero puede ocuparse de tus facturas y tus asuntos económicos. También necesitas un documento de instrucciones anticipadas que recoja tus deseos acerca del nivel de atención médica que quieres en caso de que estuvieras demasiado enfermo para hablar por ti mismo.

10

El camino
por delante

Comencé este libro con el reconocimiento de que es absolutamente comprensible que sientas miedo, rabia y confusión a medida que luchas contra las consecuencias de la crisis global de la economía.

Sin embargo, creo que la propia gravedad de la crisis implica que decidiremos introducir cambios perdurables que nos pondrán en la senda de un futuro más sano y vibrante. Las crisis nos obligan a examinar con detenimiento lo que no funcionó y a introducir los ajustes necesarios para evitar que se repitan el dolor y el sufrimiento.

El periodo de reflexión en que nos encontramos ahora nos ha obligado a centrarnos en la difícil tarea de replantearnos nuestra relación con el dinero. La época de vivir por encima de nuestros medios está dando lugar a una época de vivir una vida con mayor sentido basada en la honestidad económica.

Por muy doloroso que sea este periodo de transición, debes saber que lo que nos espera es un futuro brillante. Nuestra economía sufre una crisis del crédito, no una crisis de talentos ni de empuje. Desde la innovación que seguirá fluyendo desde Sillicon Valley, hasta las reinvenciones, que ahora son debatidas, para transformar nuestras fuentes de energía, sigo convencida de que éste sigue siendo un país de descubrimientos y logros. A corto plazo, debemos sobrevivir a la crisis del crédito y a la recesión. A largo plazo, venceremos y volveremos a tiempos prósperos.

Tu tarea en este momento es hacer lo correcto en lo que se refiere a tu dinero, elaborar un plan, ceñirte a él, convertirte en un ahorrador, no en un gastador, plantearte como objetivo vivir una vida libre de deudas. Espero que nunca olvides la dolorosa lección que nos dejó 2008. Quiero que recuerdes estas tres cosas:

Cuando se trata de dinero, si algo parece demasiado bueno para ser verdad, lo es.
Si no te lo puedes permitir, no lo compres.
Siempre opta por lo correcto, no por lo fácil.

Tengo la esperanza de que la lectura de este libro te haya hecho entender que eres una parte importante de la solución a tus problemas actuales. A pesar de las turbulencias y adversidades, tienes que reconocer cuánto de ello puedes controlar. Un futuro económico seguro en gran parte dependerá de lo dispuesto que estés a entrar en acción *hoy*. Las cosas no saldrán de la nada, Washington no aprobará una legislación para ti. La solución nacerá de las acciones que emprendas cada día hasta el final de tu vida.

¿Estás dispuesto a dejar que ese cambio en tu vida se produzca? Si lo estás, espero que este libro se convierta en tu guía. Espero que puedas hacer de tu vida, de este tiempo tan valioso, lo mejor que pueda ser.

Suze Orman
19 de noviembre, 2008